20字に削ぎ落とせ

ワンビッグメッセージで相手を動かす

リップシャッツ信元夏代
Natsuyo Nobumoto Lipschutz

朝日新聞出版

削ぎ落とす勇気、ありますか？

弊社の新商品なら、ご自宅でも、レストランと同じ出来たての豆腐を作ることができます！　製造時間は10分間ほどですので、レストランや旅館であれば、お客さまの目の前で豆腐を実演で仕上げられて、エンタメ性も抜群です。

豆乳は国産大豆を使用して、クリーミーな豆腐ができます。

豆腐に合わせて香味塩も販売していますので、塩で豆腐を食べる新しい楽しみ方をご提案しております。

また鍋は特許を取った蒸し効率のよい二重構造になっていて、しかも地場産業の磁器を使っているために地域経済の発展にも貢献しています！


これはある食品機材メーカーM社が展示会でプレゼンしたときのセールス文句です。

このようなセールスはよく耳にしますし、自社製品の良さをすべてアピールしたくなるのも当然のことでしょう。アイデアマンの社長ははりきって、あれもこれもとセールスしていました。

しかしブースでは「面白いですね」と興味をもたれたものの、実際の商談にはこぎつけなかったのです。

コンサルさせていただいた私は「メッセージの削ぎ落としが必要」と判断し、次のプレゼンにむかって改善をしました。

そして、新商品をエンドユーザー向けにその場で売りたいプレゼンでのメッセージがこちらです。

老舗豆腐屋の味を店でも家でも10分間で（18字）

そのメッセージに絞り込んだプレゼンとセールス活動をしかけることで着実に売り上げを伸ばし、現在ではM社は世界28ヶ国に進出するようになっています。

「20字にメッセージを絞り込む」

それこそが「伝える」カギなのです。

あなたには、削ぎ落とす勇気がありますか？

プロローグ

「あなたは何もわかっていないスピーチを」

それは私が、初めてスピーチ大会に出場した2013年のことでした。ニューヨーク州の予選を順調に勝ち抜き、準決勝に臨もうとしていた時、観客のなかにいたベテランらしき黒人の中年女性が近づいてきました。

「ハーイ、私はジャニスよ。あなたのスピーチには可能性を感じるわ。ファイナリストになりたいなら私が見てあげるからいらっしゃい」

なんと無償でコーチングをしてくださるというのです。私はネイティブの強豪たちに交じり、ノンネイティブは私たった一人だったにもかかわらず、どんどん予選を勝ち抜いていましたから、ある程度の自信はついていました。伝えたいことならたくさんある。

メッセージはすでに十分過ぎるほど原稿に詰め込んである。あとは練習あるのみ。ジャニスには練習相手になってもらえたら良いかもしれない。普通なら1時間4万円前後が相場ですから、ラッキー！　そんな軽い気持ちで彼女のオファーを承諾しました。

これがその後の私のスピーチ人生に大きく影響を与えることになろうとは、その時は想像もしていませんでした。

コーチング初日、開口一番、ジャニスは言いました。

「ナツヨ、あなたはまだスピーチのことを何もわかっていない。言いたいことは何？　あれもこれも詰め込みすぎよ。聞き手全員が、あなたのスピーチを聞いた後に答え合わせをしたとしたら、『ナツヨのメッセージは○○だったね』と、みんな同じ答えが出てくるかしら？　出てこないなら何も伝わっていないのよ。削ぎ落とす勇気を持ちなさい」

削ぎ落とす勇気……⁉

目からウロコが落ちた瞬間でした。

「相手に伝わる」とは言葉をつくすことではない。その正反対で、徹底的にメッセージを絞り込むことだったのです。

そこからたったひとつのメッセージに向けて削ぎ落とす訓練が始まったのです。

現在、私はアメリカで、プロフェッショナルスピーカーをしています。

日本でもTEDトークはおなじみとなっており、私も登壇しましたが、TEDトークのように無償でスピーチを行うスピーカーとは異なり、プロフェッショナルスピーカーとは、ビジネスを中心とした公の場で、あるトピックの専門家として有償で講演や研修などを行うスピーカーのことです。

私は異文化コミュニケーションやグローバルリーダーシップ、戦略的思考についてのトピックを専門としています。プロフェッショナルスピーカーが行うスピーチは、基調講演なら平均1時間前後、研修などなら丸一日、二日に及ぶのが通常です。

私自身は日本で育って、日本の教育を受け、インターナショナル校に通ったわけでもなく、英語ネイティブではない「純ジャパ」の日本人です。

にもかかわらずニューヨークを拠点として、プロフェッショナルスピーカーとして、英語と日本語で講演活動をしています。しかもアメリカでも5万人ほどいるといわれるスピーカーの中で、3500人のみが所属する先鋭集団の、全米プロスピーカー協会プロフェッショナルメンバーにも認定されています。

でもそれは「英語力があるから」ではありません。

英語ネイティブの語彙力は、2万~3万5000語といわれていますが、私が語彙力テストで試してみたところ、なんと恥ずかしながら1万語ほど。

これは「8歳児の語彙力」に匹敵するそうです。

つまり8歳児の語学力でも、ネイティブの大人に勝つことができるのです。伝える力は決して語彙力によるものではないとおわかりいただけるでしょう。ですから英語でも、そして日本語でも人見知りで口数が少ない人でも、8歳児の語彙力を持っていれば十分プレゼンで聞き手を動かすことができるのです。

初めは固まるほどのスピーチ恐怖症

こんな私も、最初から人前でスピーチするのが得意だったわけではありません。昔は人前で自己紹介するだけで緊張して脇汗をかいていました。

忘れもしない、MBAでニューヨーク大学に留学していた時のこと、みんなの前に立ち、自己紹介をする機会があったのです。

自分の順番が来るまで手汗、脇汗をかいて緊張していたのですが、いざ自分の番がまわってくると、いきなり考えていたこととは違うことが口から出てしまい、まずいと思った瞬間に固まってしまったのです。頭が真っ白になって、なにをいったかも覚えていません。

たかが自己紹介に頭が真っ白になってしまう自分……と、あとで強烈な自己嫌悪に陥りました。

その後もスピーチは苦手になるばかり。チームでプレゼンをしなくてはいけない時でも、一番短い箇所を担当して、丸暗記したセリフを喋るだけで、早く終わってくれることを願っていたものでした。

それでも社会人になれば、ビジネスのプレゼンやセミナーで話す機会が増えてきます。いくら苦手であっても、これはちゃんとプレゼンのスキルを学ばないといけないと考え、探しまわって出会ったのが、「トーストマスターズ」というクラブでした。

ここはスピーチを上達させたい人たちが集まって、メンバーたちが互いに学びあう団体で、世界143ヶ国に35万7000人以上の会員がいます。

この「トーストマスターズ」には、国際スピーチコンテストという一大イベントがあるのですが、それが、ジャニスと初めて出会った冒頭のスピーチ大会です。

2013年に初めて出場してから、毎年出場しており、ジャニスのおかげで、初出場でニューヨーク州のファイナリストに、そしてその後もコンスタントにファイナリストに入賞するようになっていきました。

ジャニスのコーチングをきっかけに、その後も過去の世界チャンピオンのクレッグ・バレンタインやマーク・ブラウン、ダレン・ラクロイなどにも師事をしてきました。

すべてのコーチが口を酸っぱくして強調していたことは、たったひとつの大事なメッセージに絞り込むことです。

余計な言葉を徹底的に削ぎ落とすことで、いかに伝わりやすくなるか。そして具体的に表現することで、たった5分間でもいかにドラマチックに相手を動かせるか。

ここで学んだことは、すべての「伝える」技術に不可欠な思考法でした。

そして決勝戦で300人ほどの聴衆を前にしてスピーチを披露した時に、人々がうなずいてくれたり、笑ってくれたりと、自分がその場の空気を動かして、聴衆と共鳴しあうことができる、という体験をしました。

これこそが人前で話すことの醍醐味だと、わかった瞬間でした。

それからパブリックスピーキングに邁進するようになり、プロフェッショナルスピーカーとして全米の最前線で活躍しているクレッグ・バレンタインが始めた「ワールドクラススピーキング」という、スピーチコーチとしての認定プログラムを受けました。東京ではTED×WasedaUに出ることもできました。

さらに仕事ではマッキンゼーでも鍛え上げ、戦略コンサルタントとしても日常的に使っているロジカルシンキングが、プレゼンやスピーチを作るまでの情報整理術に非常に役立つことに気づいたのです。

そうして「伝えたいことを、どんな相手にも伝える」方法を、日本の方たちに向けて編み出したのが、「20字で語る」ブレイクスルーメソッドです。

まさに究極の削ぎ落とす思考法ともいえるでしょう。

MBAでの自己紹介で失敗した日からプロスピーカーになるまで、19年が経過しました。

その間に私が学んで磨いた「20字で語る」スキルが、この本に詰め込まれています。

あなたのスピーチに聞き手が笑ったり、感動してくれたりする。あなたのプレゼンに、相手がうなずいてくれる。あなたのアイデアが、企画会議で通る。頑固な上司が、あなたの話には耳を傾けてくれる。

それこそ自分が話すことで、相手を動かす醍醐味です。

ブレイクスルーメソッドなら、それができます。

ぜひあなたもスピーチ／プレゼンで、相手を動かす喜びを手にいれてください。

プロローグ

第1章 なぜ、言いたいことが伝わらないのか

第2章

Step 1

聞き手視点の情報整理

第3章

Step 2

何を伝えるのか

第4章 Step 3 どう心をつかむのか

第5章 プレゼンの出来を左右するデリバリー

ブックデザイン　三森健太（JUNGLE）

第1章

なぜ、言いたいことが伝わらないのか

「伝えることはひとつに絞る」

言いたいことが伝わらないのには、必ず理由があります。

それもどれもがふだん気づかず、無意識にやりがちなことなのです。

では、どうすれば間違いなく伝わるのか、ブレイクスルーメソッドの基本的なコンセプトを説明していきましょう。

冒頭で紹介した食品機材メーカー、M社の例のように、一生懸命伝えようとすればするほど「伝わらない」というケースがあります。

このM社は若き社長のもと、機材提供から食材供給、食品商品開発、飲食店プロデュースまで幅広くあつかっている地方の中小企業です。

社長は街中を歩いているだけでも次々と新しいアイデアが浮かぶほどアイデアマンで、すぐに試作につなげる行動力もあります。

熱心な社長だからこそ、すべてをアピールしたい！　いいモノはぜひ全部知らせたい！　試作開発中のものについてお客さんの声を効率よく集めたい！　と思ったのでしょう。

セールスならあれもこれもと売り出したくなるものです。

しかしプレゼンで**「その他のいろいろな情報」を提供してしまうと、情報過多となって、重要な情報の印象が薄れてしまう**のです。多すぎる情報量のために、重要な情報が「空回り」してしまいます。

これがよくある「あれも、これも」プレゼンの落とし穴です。

ミスポイント

＝伝えたいことが多すぎて、分散している

私自身がパブリックスピーキングを学ぶときに、コーチを買って出てくれたジャニスから、まず徹底的に指導されたのが、メッセージをひとつに絞ることでした。

「ナツヨ、それで結局、なにがいいたいの？

スピーチの中にメッセージが2つあるわ。どちらが伝えたいこと？」

自分ではいいたいことを詰めこんでいたつもりでしたが、実際に指導されたのは、要らないことを「削ぎ落とす」作業でした。

どんなスピーチでもプレゼンでも、この一点が聞き手に伝わって欲しいというメッセージがあるものです。

その「**たったひとつの大事なメッセージ**」をブレイクスルーメソッドでは、**ワンビッグメッセージ**（**One Big Message**）と呼んでいます。

言いたいことをたったひとつのワンビッグメッセージに絞りこむことで、格段に相手に伝わりやすくなるのです。

しかも大事なのは、ワンビッグメッセージを「**20字で語る**」ことで、より明確に、意図したとおりに伝わるのです。20字におさめるなんてとうてい無理！　とお思いかもしれませんね。もちろん、20字ですべてのスピーチ／プレゼンが完了するわけではありません。聞き手に最も刺さってほしいワンビッグメッセージを20字に凝縮する、ということです。

なぜ20字なのか。

メッセージは相手に解釈の余地を与えてしまうと誤解の元になります。長い言葉で語るほど、解釈の余地は広がってしまいます。それを避けて、明確なメッセージを相手の記憶にしっかり焼きつけるためには、違う解釈をしようがないくらいにまで削ぎ落とした短いフレーズで伝えることです。

人間はだいたい15字から20字程度のフレーズが覚えやすいといわれています。

英語のスピーチでは10語にまとめることを、スピーチコンテスト世界チャンピオンのクレッグ・バレンタインは提唱しています。英語であれば、10語にまとめるのがベストの長さになるのです。

しかしながら英語と日本語では違いがあり、英語を日本語訳にすると、およそ英語のワード数の倍になるのがふつうです。例をあげましょう。

I am Japanese（3語）→私は日本人です（7字）

I like these shoes（4語）→私はこの靴が好きです（10字）

Have you ever been to this country?（7語）→この国に行ったことがありますか？（15字）

このことを踏まえて、私は日本語であれば、20字が最適な長さであると提唱しています。

たとえばコマーシャルのキャッチコピーが、その良い例でしょう。おなじみのフレーズといったら、こんなコピーが思い浮かびます。

「やめられない、とまらない！　かっぱえびせん」（18字／カルビー）
「インテル、入ってる」（8字／インテル）
「セブン‐イレブンいい気分」（11字／セブン‐イレブン）
「すべてはお客さまの『うまい！』のために。」（16字／アサヒビール）
「お金で買えない価値がある。」（12字／マスターカード）
「自然と健康を科学する」（10字／ツムラ）

こんな誰でも聞いたことがあるテレビコマーシャルのキャッチコピーは、そのほとんどどが20字以下で語られています。

短いからこそパワフルで、さらに言葉のリズム感も良くなり、記憶に焼きつきやすいのです。かっぱえびせんのキャッチコピーと次の説明例を比べてみてください。

「このえびせんは、小麦粉、塩などを混ぜた生地に、天然のエビを数種類混ぜ、頭から尻尾まで殻もいれて作っているために、独特の風味が楽しめます。また揚げずに、炒ることによって生地が膨らみ、サクサクとした歯触りがして、そこが魅力になっています」

きっと、食品の開発者であれば、このように詳細まで説明したかったことでしょう。

しかし、このように詳細に正しく説明されると、

「どの種類のエビなんだろう？」

「殻も入っているんだ！　のどにひっかからないのかな」

「炒ると膨らむんだ。どうしてだろう」

どんどん想像が膨らんでしまいますよね。

ですから、正しい説明だとしても、多くを伝えようとすればするほど、短いコマーシャルの時間では頭に焼きつかないし、覚えられすらしないのです。

こんな繊細なつくり方をしているからこそ、とにかく、食べる手が止まらなくなるほど美味しい。そんな思いが、「やめられない、とまらない！　かっぱえびせん」の18字に凝縮されています。

特に日本語では、この「20字に削ぎ落とす」ことは大事です。

日本人は礼儀を重んじて婉曲的な表現を好むこと、そして敬語なども使われることから、日本語は実際に伝えるメッセージそのもの「以外」の余計な描写などが多くなりがちな言語です。

そして婉曲的表現で、**相手に察してもらう文化だと、相手に解釈の余地を与える**ことになり、それが誤解だったり、伝わらなかったりすることの大きな原因となります。

よく知った間柄なら「あうんの呼吸」で伝わるでしょうが、相手が初対面だったり、共通の価値観を持っているかわからなかったりすると、相手の解釈の振れ幅が大きくなってしまいます。

「例の感じで、よろしく」

というのは同じチーム内なら通じるでしょうが、チーム外の人には伝わりません。ツーカーの仲でない相手に伝えるためには、解釈の余地がなく、まっすぐ意味が伝わる必要があります。

それにはワンビックメッセージをとことん絞ること。

20字にワンビッグメッセージを絞ることで、本当に必要な言葉だけが残り、周辺情報は削ぎ落とさざるを得なくなります。

20字に削ぎ落とすことで、より解釈の余地を減らし、直球で伝わるようになるのです。

もちろん、厳密に20字でなくても1字か2字余るぶんにはかまいませんが、もし30字や40字になってしまったら、長すぎて情報を詰め込みすぎなのです。

「20字」を規準として考え、いらないものを削ぎ落としていくと、本当に伝えるべき大切なことだけが残るはずです。

前述の食品機材メーカーM社も、あれもこれもアピールしようとしてしまったために、主要商品のインパクトが薄れてしまった営業プレゼンのケースでした。

そこでメッセージを削ぎ落とし、取引先や卸会社の聞き手に対しては、ワンビッグメッセージを、こう打ち出しました。

「**機材から食品まで大豆専門のよろず屋です**」（19字）

一方、一般の消費者の方たちや、その場で製品を売りたいプレゼンの時には、こちらのワンビッグメッセージに絞りました。

「**老舗豆腐屋の味を店でも家でも10分間で**」（18字）

聞き手に合わせたワンビッグメッセージに合った、一貫したセールス活動や資料作り、展示ディスプレイを手がけていったことで、M社は着実に売上を伸ばしていき、海外にもどんどん進出していくようになりました。

「**20字にワンビッグメッセージを絞る**」ことで、聞き手に明確に伝わり、ブレないプレゼンやセールス、あるいは就活における自己アピールを作ることができるのです。

もしメッセージが曖昧であれば、聞き手は漠然となにを聞いたかわからないまま終わってしまいます。

ついあれもこれもいれたいと欲張って、メッセージが複数になってしまったら、聞き手は混乱してしまいます。

なにが一番伝えたいことなのかを考えぬき、そのたったひとつのメッセージが聞き手に伝わるために必要な情報だけを探し当て、余計な情報はすべて削ぎ落とす。

プレゼンとスピーチづくりはまさに情報の整理術であり、いかに最重要な情報のみへと整理するかにかかっています。

つまり、**相手を動かすプレゼンのカギは思考法**にあるのです。

「自分の視点で語らない」

伝え方を変えるだけで、ビジネスには大きな違いが生まれます。

実際に3億円の融資が、メッセージを変えただけで獲得できたケースがありました。

「我が社の強みをすべてアピールしているのに、投資家には響かないようです。なにが足りないのかコンサルしてもらえませんか」

そう相談してきたのは、実業家のオカダさんでした。

オカダさんは日本にさまざまなロシア製品を輸入していて、ビジネスは多岐にわたり、中古自動車からロシアの食品、伝統産品まで幅広く取りあつかう商社を経営しています。まさによろず問屋のように、ニーズに合わせて事業を拡張してきたのです。

そしてアメリカ市場へと事業拡大すべく、在庫購入や倉庫、物流、ＩＴシステムなどに投資する必要があり、投資家を募ることにしました。

ところがベンチャーキャピタル数社にプレゼンをしてみたところ、いい返事がなく、弊社にコンサルティングを依頼されたのでした。そのプレゼン資料を見たところ、ある大きなパターンがあることに気づきました。皆さんも考えてみてください。

元のプレゼン

「自分の豊かな事業経験」
「各事業分野に精通している広い専門知識」
「経営者としての手腕」
「自分が導く、事業の明るい見通し」

このように、起業家である自分自身のアピールを存分に行って、先方に信頼感を与えようとする投資家プレゼンでした。

皆さんには、どんなパターンが見られますか？

私がすぐに気づいたパターンとは、すべてのメッセージが「自分視点」で組み立てられている、という点でした。

プレゼンやスピーチでは、話し手がいいたいことを主張するというイメージがありますし、会議でも自分では決して「オレオレ」のつもりではないのに、気づかないうちに、「自分はこのように成功した」「自分にはこんな強みがある」と、「自分視点」なオレオレスピーチになってしまっているケースが多々あります。

しかしプレゼンもスピーチも、「聞き手」の視点こそ大切なのです。

✓ミスポイント　＝自分視点

ブレイクスルーメソッドでは「**聞き手が主役**」です。

よい語り手とは、「聞き手視点」で話ができる人であって「オレが主役」ではありません。

たとえば校長先生が話す朝礼のスピーチを、生徒たちはたいてい聞き流しているのではないでしょうか。けれども校長先生が「昨日、ヒップホップのクラスに参加したのだ

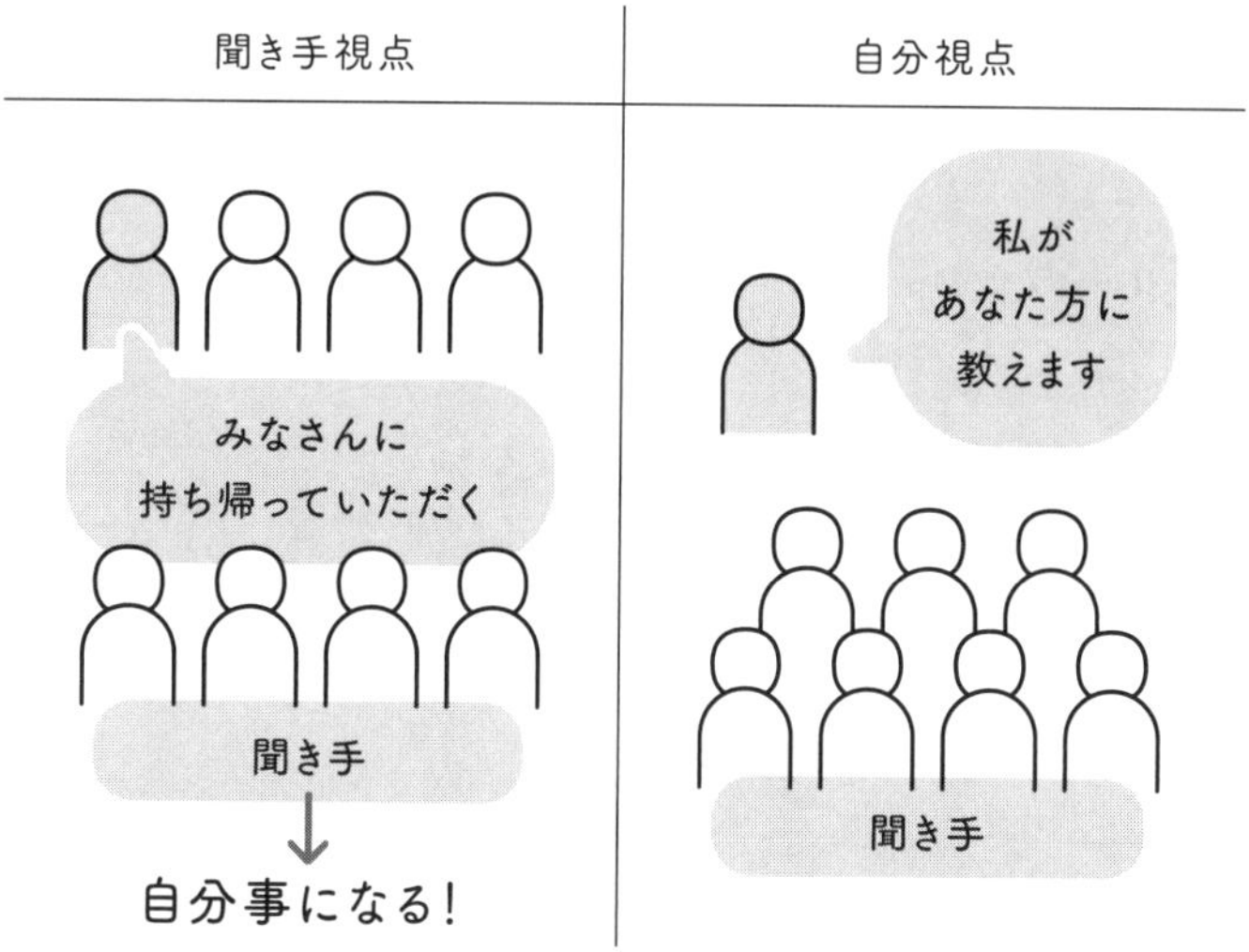

自分視点ではなく聞き手視点を意識する

が」といった言葉をいれたら、ふっと生徒たちの注意が向けられるはずです。

つまり**聞き手を主役にしてあげると、「他人事」から「自分事」**として捉えることができるということです。

そのためにプレゼン作りでも講演でも会議でも、まず「自分が主役」という考えを一切捨てさり、「聞き手」を主役にして組み立ててみてください。

じつは「聞き手」を主語にするだけでも、印象は大きく聞き手視点に変化するのです。

たとえば、「今日は私の英語の勉強法のコツをお話しします」というと、「私」が、お話しするという、自分が起点の一方通行となり、なんでも知っている先生が、知らない生徒に教えるというスタンスになります。

ところが「今日は皆さんに、英語の勉強法のコツをお持ち帰りいただきます」というと、「皆さん」という聞き手が主語、述語も「お持ち帰りいただく」という聞き手視点の述語になっています。

こうするだけでガラリと印象が変わり、聞き手がおのれも「含まれている感」を感じませんか？

常に「聞き手が求めているものはなんだろうか？」という聞き手視点に立って考えてみましょう。

あなたがスピーチの主役なのではない。**聞き手が主役であって、あなたは聞き手を「たったひとつの大事なメッセージ」に導くガイド役**なのです。スターウォーズでいうならば、スピーカーであるあなたはヒーローのルークではなく、ルークをガイドするヨーダなのです。

先述のオカダさんが伝えていたのは、「私の経験」「私の知識」「私の手腕」などなど、すべてが「自分視点」の**オレオレプレゼン**だったのです。

このプレゼンは投資を得るのが目的ですから、「聞き手」である投資家、さらにはその先にある市場や社会にとっての利益を示さなくてはなりません。

そこで次のような「聞き手視点」に転換しました。

改善例
「私の事業に投資すると、市場にどういう利益を提供できるのか」

というプレゼンに練り直しました。

事業範囲が広かったので、すべての事業に共通していえる価値として、

「**ニッチなニーズを埋める物品調達の専門家**」（19字）

というメッセージを打ち出すことにしました。

こうして練り直したプレゼンを、オカダさんが投資家に披露したところ、みごとに3億円の投資を得ることができたのです。

事業内容や提案内容が変わったわけではなく、プレゼンを「聞き手視点」にシフトしたことで、3億円を獲得できたわけです。

スピーチやプレゼンは、あくまで「聞き手が主役」。

「聞き手視点」にたって話すことではじめて、相手の心と頭を動かすことができるのです。

KISSの法則

「できるだけ簡単に話す」

「審査員に、ぐっとアピールするスピーチ原稿にしたいのです」

と依頼されてきたのは、起業家のオオタさんでした。あるビジネスプランコンテストに出場することになって、審査員の前で将来自分のやりたい事業についてスピーチをすることになったのです。

就職活動や昇進面接など、聞き手に自分のやりたいことをアピールする場面はよくあるものですが、「相手に刺さる」話し方のコツとはなんでしょうか。

オオタさんが手がけたいのはオーガニックの健康食という分野でした。こちらが元の原稿です。

元のスピーチ原稿

「まだ発見されていない病気や未病の段階を防ぐために、薬だけに頼るのではなく食べ物から変えていくように根本から食生活を変えていけるようみんなに伝えたいです。

日本で1番多い疾患は糖尿病。そして癌。姉を奪った癌患者をふやさないためにも、全国各地でヘルシークッキングスクールを開きながら、添加物まみれの食品を外で買わなくて済むよう新鮮なお野菜やフルーツを使った食品を販売していきたいです。

また世界には素晴らしい安全でヘルシーなスーパーフードの日本の食材を紹介して、世界中の人を健康に幸せに導くお手伝いが出来ればよいと思っています」

一読すると、特に問題はないように思われます。しかし、このスピーチを耳で一度だけ聞いて、なにか印象に残るものがあるでしょうか。なにも耳に残らず、流れていってしまいませんか。なぜそうなってしまうのでしょう。

ミスポイント＝簡単・簡潔・簡明ではない

私がパブリックスピーキングのコーチたちに何度も口を酸っぱくして指導されたのは、以下のことでした。


「情報が多すぎる。本当に必要な情報はどれ？」

「そのエピソードは、この話に必要？」


何度も指摘されたのは、「効果的ではない言葉を減らす」作業でした。

そして同時に、具体的に描写することも徹底させられました。

たとえばスピーチで「私はその晩泣きました」といったくだりを話していても、ジャニスは、

「最初から大泣きしていたの？　それとも泣きのスイッチが入った瞬間があったの？　それはいつ？　その時周りには誰かいた？　何があった？　あなたはどういう気持ちで泣いたの？　悲しかったから？　悔しかったから？　絶望したから？　あなたの頭の中にはどんな言葉が浮かんでいたの？」

などなど、気持ちが痛いほど伝わるように具体的に描写するように注意されました。

一般的にいうと、“Keep It Simple, Stupid / Keep It Simple, Short”といい、この頭文字を取って、**「KISSの法則」**と呼ばれています。

「短く、わかりやすく、簡潔に話せ」ということです。

さらにブレイクスルーメソッドでは従来の意味合いを発展させて、**「Keep It Simple, Specific（KISS）」**と提唱しています。これは**シンプルかつ具体的を心掛けることで、「簡単・簡潔・簡明に話せ」**という意味です。

なぜそんなに削ぎ落とさなければいけないのか。

スピーチでは映画やテレビと異なり、視覚的に情報をとらえることがむずかしいので、漠然とした情報ではなかなか相手に伝わりません。

また字に残る文書なら読み返せますが、人間の脳は初めて一度だけ耳で聞いた情報を、そこまですべて記憶に残しておくことはできません。

ですから、徹底的に削ぎ落とし、耳から入る情報を**「簡単・簡潔・簡明」**にしてあげることが必要なのです。

いわば枝葉をのぞいた幹だけとなるから、聞き手にとっては道筋が辿りやすいストーリーとなり、まっすぐとゴールへと導くことができるのです。

しかし「簡単に」「誰にでもわかるように」「具体的なイメージがわく言葉を選びながら」話すという作業は、意識してやらないとできないことです。

たとえばある新車を説明する時に「アクセルを踏み込んだ時に伝わってくる感じがどうなのか」、あるいは新製品のカップヌードルは「お湯を注いで蓋をあけたときに、フワーッとあがる匂いがどうなのか」といったことを、具体的に、しかし簡潔に、五感に訴えるような表現をしてみると、相手への伝わり方は格段にあがります。

では具体的にＫＩＳＳの方法を使うと、どうなるか。先ほどの原稿をＫＩＳＳの法則を使って書き直してみましたので、比較してみましょう。

ＫＩＳＳに基づいた改善のポイントは、まず簡明にすること。

糖尿病や癌、新鮮な野菜やフルーツを使ったお菓子、ヘルシーなスーパーフードといったように詳細をむやみに並べることが簡明ではなく、短い言葉でも具体的なイメージが湧くように表現するのが「簡単・簡潔・簡明」です。

改善例

「私のライフミッションは、**『日本のスーパーフードの伝道師』**（14字）として世界中の人の健康と幸せを実現する食品を開発し、普及させていくことです。

現在私たちは、医学や化学の発展と同時に、添加物まみれの食材や、副作用のある薬を口にしたりすることが日常茶飯事です。その結果、昔はなかったような病気にかかることも増えてきています。

でも私たち人間には本来、自然治癒力が備わっています。そして私たちの住む日本は、自然治癒力を高めるスーパーフードにたくさん恵まれています。

私は世界中の人々を健康で幸せにするため、『日本のスーパーフードの伝道師』として世界に健康な食品を広めていきたい。それが私のライフミッションです」


最初に一番大事なメッセージを伝え、そして「新鮮な野菜やフルーツを使った食品」「ヘルシーなスーパーフード」といった漠然とした言葉ではなく、「自然治癒力を高めるスーパーフード」と明確に定義をしています。

簡単・簡潔・簡明な言い方にすることで、グッと伝わりやすくなったのがわかるかと思います。これがＫＩＳＳの法則の効果です。

ぜひプレゼンやスピーチでは、キッスしてみましょう！

未来予想図を売れ

私がスピーチコーチの認定を受けたワールドクラススピーキングの師匠のクレッグ・バレンタインの実話です。

クレッグが20代半ばだった頃のこと。ある日、中古車を買おうと、ディーラーAに行きました。最初のディーラーで、なかなかよい車があり、セールスマンは、その車の優れた点を細かく説明してくれました。

「このクルマの真骨頂である2LのVTECターボは、驚くほどアクセルワークにダイレクトに応答し、トップエンドまでその勢いを衰えさせることなく力強く加速しつづけるエンジンは、インパクト満点です。それでいてフロントのグリップ感が極めて高くて操縦安定性も身につけており、電子制御ダンパーも効いていて、乗り心地も最高です」

「なるほど。よくわかりました。ありがとう」

そういってクレッグは次のディーラーBを訪れました。

すると、同じ車種の車がありました。その車をじっと見ているとセールスマンがやってきて言いました。

「カッコいいでしょう？　この車を運転していたら、女の子にモテモテになりますよ！」

クレッグは即座に質問しました。

「契約書のどこにサインすればいいんですか？」


さてディーラーAとディーラーBの違いはなんでしょうか？

ディーラーAは、「商品そのもの」にフォーカスしていたのに対し、ディーラーBは「結果」、つまり「この車を買ったらどうなるか、という未来予想図」にフォーカスした、という点です。

セールスやプレゼンであれば、つい「商品・サービス」を売り込もうと考え、その製品の特徴や機能を羅列しがちです。

しかし売り込まれていると感じると、人はガードを堅くするもので、相手の心に刺さりにくくなります。

一方、自分にとって得があることになれば、とたんに人は関心を持って聴くものです。人は心惹かれる未来予想図が明確に見えると、手に入れたい！　と思うようになるものなのです。

つまり**本当に売るべきものは「商品」ではなくて、「未来予想図」**なのです。

ミスポイント
＝商品を売ろうとしている

「聞き手視点」で考えると、このスピーチやプレゼンを聞くことで、どんないい「未来」があるかというところから発想してください。

クレッグが買った車をみなさんが、ビジネスプレゼンすると仮定しましょう。このように言い換えてみたら、ぐっと相手の懐に飛び込めるのではないでしょうか。

回答例

「〝もてる男の究極の一石二鳥カーです〞（16字）。

スポーツカー好きのツウが満足できる走りの楽しさと、一緒に乗る方からも喜ばれる快適な乗り心地とおしゃれな内装を持ち合わせている究極のクルマなんです」

未来予想図とは、「この商品、サービス、提案内容、アイデアなどを取り入れたら、あなたは（あなたの生活は／あなたの会社は／あなたの世界は……）こうなる！」という未来の姿のこと。

明るい未来像が、聞き手の頭と心にしっかり描けたら、人は必ずそこにたどり着く方法を入手したいと思うもの。これができればプレゼンはすでに成功しているといえるのです。

「4つのF　失敗談こそ語れ」

婚活アドバイザーとして独立したばかりのヤマダさんの相談内容は、事業のプロモーション方法でした。

どうしたらより多くのターゲット層に訴求できるのか。その宣伝文句をチェックして欲しいというのが、研修でのリクエストだったのです。

元のプロモーション

それまでバリキャリで仕事に打ち込んでいましたが、ある日結婚をしたいと思って婚活を開始し、たった3ヶ月でお目当ての人とゴールインし、その1年後には子供も生まれ、仕事も子育ても充実しています！

仕事も婚活もバリキャリです！　こんな私の成功術をぜひ皆さんにもおすそ分

けしたく、私自身、婚活アドバイザーとして独立しました！

いかにも元気と自信に溢れる謳い文句ですが、はたしてこれを聞いた「結婚したい独身男性や女性」が、彼女のアドバイスを受けたくて、大金を払って入会したくなるものでしょうか。

「たった3ヶ月でお目当ての人とゴールイン」できて、「仕事もバリキャリ」というアドバイザーだったら、他人の悩みも痛みもわからないのではないか、とむしろ敬遠してしまうかもしれません。

プレゼンや講演では、誰でも自分をよく見せたいものです。そしてよいことばかりを並べることが説得力があると考えがちです。

ところが実際には、自慢話ばかりのスピーチやセールスほど、人を辟易《へきえき》させるものはありません。自慢ネタは共感されず、逆に嫉妬や妬みを買うこともあるでしょう。

ミスポイント ＝自分をよく見せようと成功話ばかりする

前述の「聞き手視点」で考えてみれば、主役は聞き手。聞き手は、語り手がいかに偉いかという話ではなく、「自分の役にたつ」「自分のためになる」あるいは「自分が共感できる」話を聞きたいのです。

しかし成功話ばかりを強調していると、聞き手は、「ああ、あの人はすごい人だから自分とは違うんだな」と心が離れてしまいます。

たとえば禁煙セミナーだったら、一発でタバコをやめられた意志の強い人よりも、かつては喫煙者で何度も禁煙に失敗した人が、紆余曲折がありながらもこうやったら成功したと語るほうがはるかに説得力もあり、自分にもできそうだ！　と思えることでしょう。

「私がこれだけの業績をあげた」というよりも、その業績をあげるに至ったプロセスを語り、どんな苦悩があったのかをオープンに共有すれば、聞いている人にとっては「自分も参考にできる」「自分もマネできる」ものとなって共感を得るのです。

ブレイクスルーメソッドでは、ストーリー作りのために「**4つのF**」を提唱しています。

Failure　「失敗」
Frustration　「不満」
First　「初めての体験」
Flaw　「欠点」

こうした一見ネガティブなことが、じつは聞き手にとっては興味を引かれる、自分も同調できるストーリーとなるのです。

「何度も禁煙に失敗した自分が、このプログラムを使ったら禁煙に成功した」
「社員の離職率が高いことに不満があったが、この勤務方法を導入したら、定着率があがった」
「初めてのスピーチではアガって絶句した自分が、トーストマスターズに入ることでプロスピーカーになれた」
「筋トレを続けられない三日坊主の自分が、こう生活に組み入れることで続けられるようになった」

といったように、ストーリーはマイナスのものがプラスに転じるほうが、聞き手には興味深く響きます。そしてどんなプロセスを経てマイナスをプラスに変えたのか、を是非知りたい！　と引き込まれることでしょう。

宣伝にはマイナス要素を出さないほうがいいといった思いこみもあるかもしれませんが、たとえば開発における苦労話、従来の製品では不満だったこと、初めての試作品といったように、どんなケースでも利用できます。

さて、この4つのFを取りいれて、先ほどのヤマダさんのプロモーションを書き換えてみましょう。

回答例

アラフォー、バリキャリ、彼氏なし。それが2年前の私です。

でも見合いなんて負け組がすること！　そう思って孤独に婚活を続け、行き詰まっていた時、婚活アドバイザーのMさんに出会いました。

Mさんの手法は、これまで私が想像していた、〝データとデータをマッチさせる〟

手法とは程遠く、とても繊細なものでした。おかげで、お見合い後3ヶ月で結婚、子宝にも恵まれました。

きっと私のように悩んでいる方も多いはず。そう思って、Mさんの手法を受け継ぎ、私も婚活アドバイザーとして活動することになりました。

「アラフォーバリキャリにも春をもたらします」（20字）

自身の苦悩話をまず話したうえで、今の成功に至った経緯は、「私がすごかった」のではなく、「プロセスがすごかった（だからあなたもこのプロセスを使えば成功します！）」と成功の対象をシフトすることで、共感を得やすくなります。

この例の場合のプロセスは、婚活アドバイザーMさんの手法が素晴らしく、良縁に恵まれた。だからこそ、その手法を使って、いま同じように困っている方たちの力になりたい、という流れで、ターゲット層に訴求します。

成功話をひけらかすよりも、聞いている人が共感できる「4つのF」を上手に取りいれてみましょう。

「低コンテクストを心がける」

ある自動車メーカーの新車発表会に出席した時のことです。

宣伝課の部長は人前で話すのも堂々としていて、話し方もなめらかで、いかにも手慣れている様子でした。

ところが耳で聴いていると、少し話がたどりにくいものでした。

元の例

私どもが弊社のフラッグシップモデルと呼ばせていただいております「サンダーバード車」は、走る喜びを追求し、おかげさまで多くの方々から、たいへんご好評をいただいております。

丁寧ではあるのですが、言葉がうわすべりしてしまうのです。これには理由があります。じつはこの文章は、**「低コンテクスト」ではない**のです。

コンテクストとは文脈とか前後関係といった意味であり、なにか特定のものを指す言葉ではなく、前後関係から意味を読みとるようなことを指します。よく日本語で「空気を読む」といった時の「空気」にあたるものだと考えるといいでしょう。

✓ミスポイント ＝低コンテクストになっていない

「低コンテクスト」とは、どういうことかご説明します。

まずわかりやすい例として、実際にニューヨークの、ある日系企業で起こったミスコミュニケーションを紹介しましょう。

日本人の上司のもとに、ドイツ系アメリカ人の部下がビジネスの提案をしてきました。そのアイデアを聞いた上司は「イッツ・ディフィカルト（それはむずかしいね）」と答えたのです。

さて、この答えを聞いたら、どう取るでしょう。日本のビジネスマンであれば、ああ、この案は却下されたのだと解釈するはずです。上司が遠回しに「ダメだ」といったのだと忖度できるでしょう。

ところがドイツ系アメリカ人の部下は違いました。

「イッツ・ディフィカルト」

むずかしいというのは、困難があるという意味で、その困難を乗りこえるチャレンジをすれば、自分は評価されると解釈したのです。

そして一週間の間、その困難を乗りこえるためのアイデアを考えぬいて、新たなプレゼンテーションを上司に行ったのでした。

上司のほうはびっくり仰天。おまえ、あのアイデアはダメだといっただろう、一週間の間、こんな無意味なことに時間を使っていたのか、と激怒したのです。

日本人の部下であれば、上司の言葉の「言外の意味」を察することができたでしょう。まさに日本のコミュニケーションは「察し」の文化なのです。

一方、ドイツ系アメリカ人の部下は「むずかしい」に含まれる「察し」の文化を生きていません。

欧米では、すべてを言語で明確に伝えていきます。欧米人は、よくハッキリものをいうといいますが、これはなにもズバズバと話せという意味ではありません。曖昧さを残さずにすべて言葉で明記せよ、ということなのです。

文化人類学者のエドワード・T・ホール教授が唱えた「高コンテクスト、低コンテクスト」という概念があります。

これはコミュニケーションにおいて、どれだけ言語以外に頼る部分が大きいか、あるいは言語そのものに依存するのかで世界の文化を分類したものです。

高コンテクストは非言語の部分が大きい文化で、低コンテクストは、言葉に依る文化です。

その研究では、日本は世界でも最高峰に「高コンテクスト」の文化なのです。

たとえば常務が「あれ」といったら秘書がお茶を用意するといったように、あうんの呼吸で伝えることが多いわけです。

一方、スイス、ドイツ、スカンジナビア諸国、アメリカ、フランスなどの低コンテクスト文化とされる国々では、すべてを言語にして曖昧さを残しません。たとえば契約書でも、アメリカの契約書は曖昧さをなくすので分厚くなるのがふつうです。

世界でもっとも高コンテクストな日本人は、インターナショナルに異文化の相手に接するなら、基本的に低コンテクスト化を心がけることで、相手への解釈の余地からくる誤解を最低限に抑えることができ、より相手に伝わりやすくなります。

ですからブレイクスルーメソッドでは、メッセージの「低コン」化を、プレゼンやスピーチで取りいれるように提唱しています。「20字」も、相手への解釈の余地を極限まで減らす、いわば低コンテクストの概念に基づいています。

これは異文化間コミュニケーションだけのことではありません。

同じ日本人でも、関東と関西では文化も違えば価値観やコミュニケーションスタイルも違います。その企業や業界ならではの文化や、さらにはその部署特有の文化などもあります。ですから日本人同士であっても価値観が異なる相手に伝えるためには、「低コンテクスト」をめざしてみてください。

プレゼンやスピーチ構成は、**相手がだれであっても、「低コン」を心がけて、曖昧さをなくしていく**ことで、伝わりやすくなるのです。

最初に紹介した新車の説明文は、きわめて高コンテクストな言い回しです。

まわりくどい言い方をすることで、なにがどうなのか、というシンプルなことが伝わりにくくなっています。

また「走る喜びを追求し」という言葉が、聞き手のあなたではなくて、我が社が追求しているという流れで、「自分視点」になっています。

これをブレイクスルーメソッド式に、低コン化すると、たとえばこのように言い換えられるのではないでしょうか。

改善例

我が社のフラッグシップモデルである「サンダーバード車」は、車好きのあなたのための車です。車との一体感を通して、走る喜びを感じられるからです。多くのユーザーからも高い評価をいただいていますが、車好きのあなたにこそご満足いただける車です。

曖昧な表現が減り、「車好きのあなた」「車との一体感」など、具体性が上がり、「車好きのあなたにご満足」といった直接的表現や、聞き手視点も追加されていることがおわかりになるでしょう。

「正しさ」を振りかざさない

さてここまでの説明で、ブレイクスルーメソッドでは、

「ワンビッグメッセージを20字で語る」

「聞き手視点で考える」

「KISS（簡単・簡潔・簡明）にする」

「未来予想図を見せる」

「成功話ばかりしない」

「低コンテクストを心がける」

といった基本ルールを守ることを、おわかりいただけたかと思います。

しかし、そのルールさえ守ればいいわけではなく、根本的に必要とされるものがあります。

それはなにか。私自身がかつて経験した痛い経験を元にして話しましょう。

戦略コンサルとして仕事を始めた頃のことです。

ある日本の会社と仕事をすることになりました。その企業の海外戦略がアメリカに通用するか、コンサルティングして欲しいという依頼でした。理事長から直々の要請です。その戦略を分析してみると、様々な欠陥が見られましたので、クライアントに説明をして、新しい有益な戦略を提案することになりました。

その企業の理事長は60歳を超えていて、もとは某省庁にいらした方で、リタイア後にその企業の理事長になったエリート中のエリートです。

しかし当時、MBA、マッキンゼーを経て独立した私は、分析力、論理力には自信があったので、それにも臆せず、その戦略ではうまくいかない理由を挙げて、その代わりの案としてこの戦略なら絶対いけるという「素晴らしい」プレゼンをしてみました。そしてプレゼン資料を一斉に関係者にCCメールで送ったのです。

そのプレゼンでは「この戦略では、理事長個人のネットワークに頼るところが多くて広がりに欠け、アメリカ市場内部に入り込む力が不足している」といった欠点を挙げ、そして代わりに「アメリカでの販売代理店との戦略的提携」を勧めるという内容でした。

翌日、理事長からメールが来ました。メールには、「電話ください」という短い6字だけが書いてありました。嫌な予感がしながらも電話をしてみると、

「あんた、何様だと思っているんだ」

と理事長はカンカンです。さんざん罵《のの》られたあげく、きみはクビだとお払い箱にされました。大失態です。

なぜこうなってしまったのか？　ひとつだけ大きな原因を挙げるならば、**正しさだけを伝えて、聞き手の心に寄り添っていなかった**からです。

ミスポイント　＝正しさを頭に伝えるだけで、心に伝えない

理事長は長らく省庁にいらして肩書きや調和を大事にする、なにごとも婉曲的に話すといった高コンテクストな傾向があるはずです。

そんな権威を大事にする方に対して、情報を共有するCCは絶対にしてはならないものでした。理事長がメンツを潰されたと怒ったのも当然でしょう。

今であれば、相手が聞きたい言葉を盛り込みつつ、

「日本市場においては、理事長のネットワークで著しい事業成長を遂げました。アメリカ市場でも『アメリカ版理事長とのタッグ戦略』(15字)を取りましょう」

といったように、聞き手が受けいれやすい言葉で提案もできたでしょう。

たとえどんなにメッセージが正しくても、相手の心に寄り添えないプレゼンやスピーチでは相手が動きません。

もしロジックだけではなく、相手の気持ちも動かせるプレゼンをしたら、私はクビにならないで済んだかもしれません。

駆けだしコンサルタント時代の痛い経験でしたが、おかげで大事なことを学ぶこともできました。

第2章

聞き手視点の情報整理

Step 1

プレゼンは情報整理が7割

スピーチやプレゼンとは、なんでしょうか。

第1章にも登場した、ワールドクラススピーキングの師匠、クレッグ・バレンタインは、「スピーチやプレゼンは、聞き手をＴＡＬＬにするものだ」と言っています。

ＴＡＬＬとは、Think, Act, Learn, Laughの略。つまり、スピーチやプレゼンによって、聞き手が何かを考え、行動し、学び、そして笑うものである、という意味です。

これを20字以内で語るならば、「**情報のエンターテイメント**」(12字)です。自分が持っている価値ある情報を提供することで、相手の頭と心を動かすには、考えさせ、行動に導き、学びを引き出すと同時に、聞いていて楽しいものでないといけない、ということです。

そうはいっても、プレゼンは仕事なのだから、そんな楽しいものではない、とおっしゃる方もいるかもしれませんね。

けれども聞いている人に、今までにない「気づき」を与えるから、「タメになった」「聞いてよかった」と思わせることができるのです。そう思わせるだけの価値ある情報を提供しなくてはいけません。

プレゼンとは、聞き手に対して、「情報のエンターテイメント」を「プレゼント」することなのです。そんなプレゼントを準備するには、話をするよりもずっと前の段階で、綿密な構成づくりを始めなければなりません。

どういう文章で表現するか、どういうデザインでパワポを作るか、というずっと前の段階で、「**情報を整理**」することで、スピーチとプレゼンの成功が左右されるからです。

プロセスでいうと、「情報を整理」することに、約70％の時間をかける心づもりでいてください。

ブレイクスルーメソッドでは、たった3つのプロセスで、その構成をつくることができます。ちなみに残り30％は、デリバリー、つまり、実際の伝え方の準備です。本章では、プレゼンの成功を左右する、7割部分、情報の整理術にフォーカスしていきます。

まず「ステップ1」は、いかに「**聞き手視点で、情報を整理する**」かです。

「聞き手」を動かしてなんぼ

スピーチやプレゼンのゴールは、**相手を動かすこと**です。

話したことで相手の心が動く、相手の頭を動かして意識改革をしてもらう、そして「商品の購入」なり「生活改善」なりといった行動につなげる。いろんな意味での相手を動かすことが、スピーチの目的です。

あなたが発した情報に相手が共感して、動くところまでいってこそ価値があるのです。ぜひとも相手を動かすことを具体的に想像しながら、プレゼンの準備を始めましょう。

人間を動かすには、3つの要素が必要といわれています。エトス（信頼）、パトス（感情）、ロゴス（論理）の3つです。

これはアリストテレスが唱えた「説得の三要素」ですが、ギリシア時代から人間の本質は変わっていないといえます。

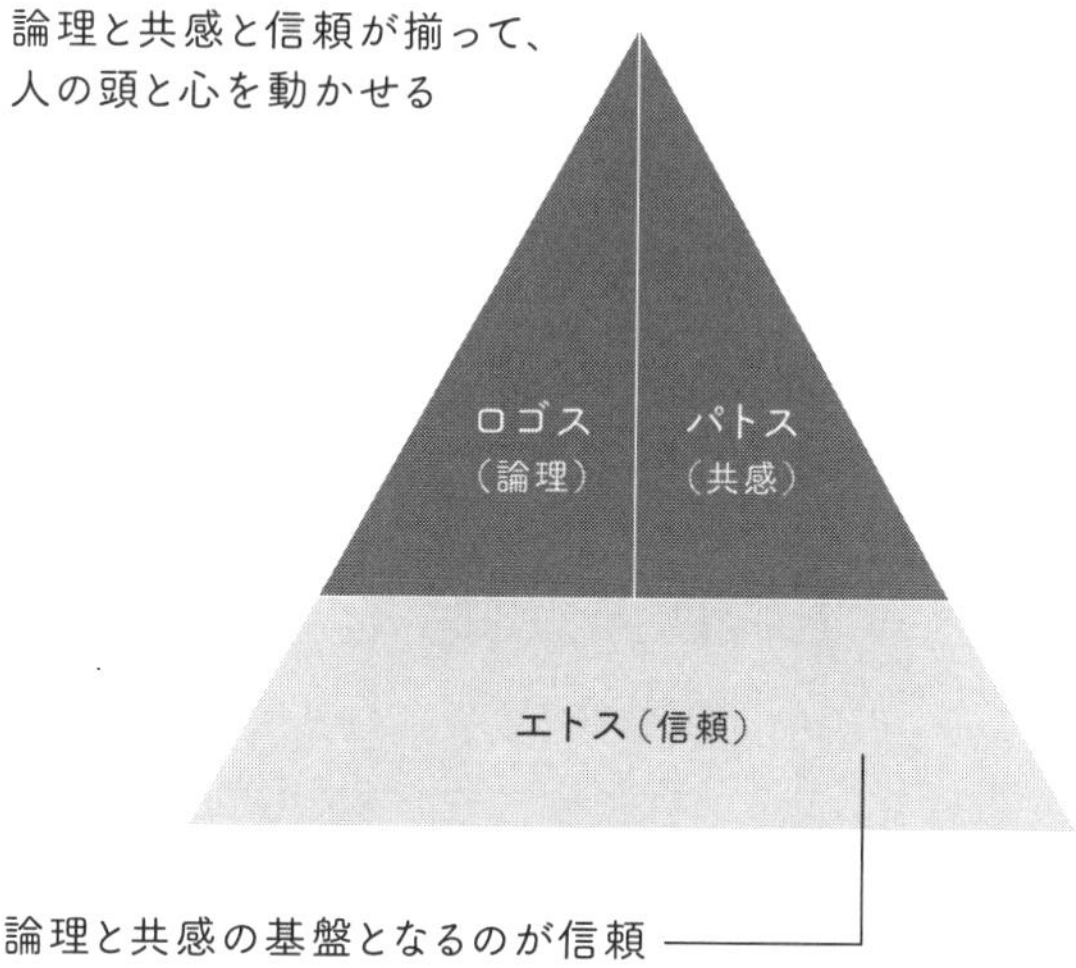

アリストテレスが唱えた説得の3要素

エトスとパトスとロゴスが揃って、初めて「頭と心を動かす」ことができるのです。

理性のみならず感情にも訴えるプレゼンでないと、「このプレゼンには時間を割いて来ただけの価値がある！」とは思ってもらえません。

プレゼンでよくあるのが「機能を並べ立てる」パターンです。

たとえば新製品のロボット型掃除機は、こんな新しい機能があるといった機能的特徴を伝えることです。

たしかにロゴス（論理）だけで判断すれば、それは良いセールスポイントだ、と判断できます。

けれどもパトス（感情）がなければ、心は動きません。パトスが動くのは、その掃除機を手にいれたら、どれだけ暮らしが楽になるか、劇的に気持ちよい暮らしに変化するのか、という未来予想図です。

「**ハッピーな未来予想図**」を示すことで、心が動くわけです。

アメリカのGE社では「Emotional first, rational second」（感情が先に来て、理性は二番目に来る）といっていますが、人間とは感情が先に来て、つぎに理性で判断する生き物なのです。

エトスはパトスとロゴスを支える基盤となります。エトスは英語のエシック（倫理、道徳）の語源となった言葉であり、信頼、徳といった意味です。

たとえばその掃除機を出しているのが、電気機器界で信頼を得ているブランドならば、自然にエトスが働きますよね。

あるいは現代の消費者世代であるミレニアル世代むけであれば、環境破壊をしない、積極的に節電するといった要素もエトスに働くでしょう。ミレニアル世代は、倫理的に正しいか、というのも大きな消費判断になりますから、ここを抜かしてはマーケティングできません。

相手の「心」を動かし、相手の「頭」を動かす意識改革をし、そして相手に「行動させる」ことで「心と頭を動かす」プレゼンができるのです。

「聞き手」との共通点を探す

では、具体的に「聞き手」を動かすために、どこから始めるべきか。

私はいつも**自分と「聞き手」の共通項**を探すところから始めます。

私は戦略コンサルタントですが、スピーチ／プレゼン作りは、マーケティング戦略のようなものだ、と常々考えています。

マーケティングの戦略設計をする際、何から始めるか、考えてみてください。作りたい！　と思いついた商品の製造をいきなり始めませんよね？

対象となる市場やターゲット顧客の調査や分析をまず行って、市場性やニーズ、顧客の行動パターンなどをよく知ることから始めるはずです。

スピーチも同じです。マーケティング戦略でいうところの、「調査・分析」のプロセスが、非常に重要なのです。

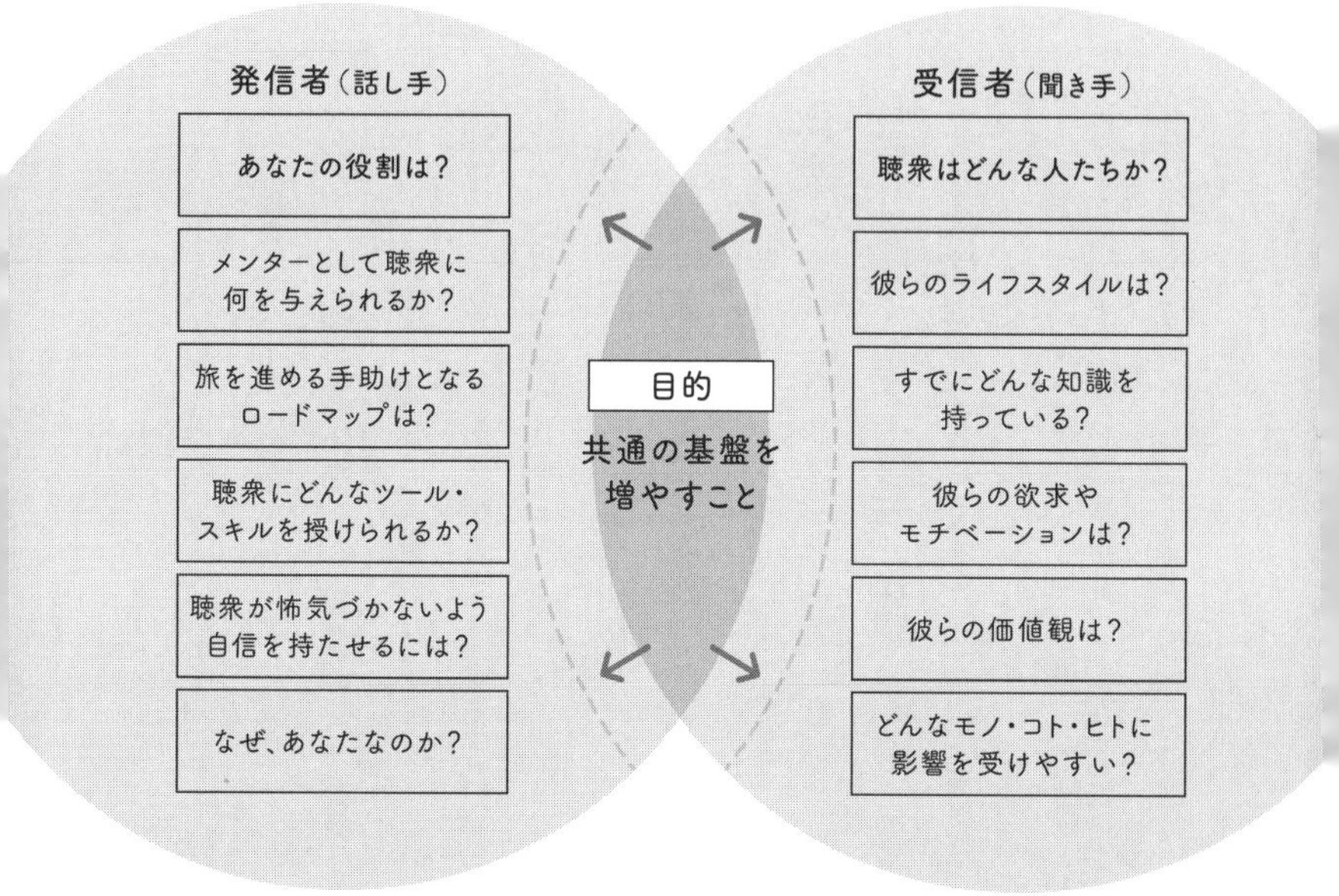

たとえば、あなたが「ＡＩが築く未来」というテーマの話をするとしましょう。

テーマが同じであっても、それが市民会館で70代の方たちに話すのと、就職を控えた大学生たちに話すのと、あるいは小売店の経営者たちに話すのでは、興味を引く内容はおのずと違ってくるはずです。

就活中の大学生であれば、「ＡＩに取って代えられない人間の仕事とはなにか」に興味を持つでしょうし、経営者であれば「ＡＩによってどれほどコスト節減ができるのか」ということに関心が高いでしょう。

70代以上の方であれば、「運転しなくても車が目的地につれていってくれる」といったことが響くかもしれません。

あなたが同じテーマで、自社のAI事業を説明するのでも「聞き手」によって刺さるポイントが変わってくるわけです。

ではマーケティング調査をするとき、商品を売りたい相手は誰なのか、どんな風に分析していくでしょうか？

「30代男性、未婚者、都内在住、フルタイム勤務」といったように、属性によって、聴衆を分類することはできるかもしれません。でも人間はもっと複雑なものです。

同じ「30代男性、未婚者、都内在住、フルタイム勤務」の人でも、Aさんは昇進して大企業の幹部になることを目指している。一方、Bさんは株式投資が大好きで、将来は独立してトレーダーとして活躍したい、と考えているかもしれません。

趣味嗜好が違うAさんとBさんに同じものを同じタイミングで売ることは難しいはずです。

ターゲットとする聞き手とつながるには、その属性よりもっと深いところで結びつかなければいけません。

話し手であるあなたを大きな円と想像してみてください。あなたの役割は、聞き手にとってのガイドの役割です。

そして聞き手というのが、同じように大きな円だと想像してみてください。

あなたと聞き手という集合円の重なるところが、すなわち共通の関心なり、目的なり、共通項であるわけです。

あなたと「聞き手」の**円が重なった部分**はなんなのか？

それを探りだすために、**次の４つの質問**をしてみてください。

聞き手を知る4つの質問①

「聞き手」は誰？

質問その1は「**聞き手が誰なのか？**」ということです。

あなたがＩＴのエンジニアで新しいソフトを説明するとしましょう。これが同じ部署の人間であれば、同じ専門用語で通じ合います。

ところがこれが営業部であったり、あるいは管理職相手のプレゼンであったりすれば、専門用語をエンジニア相手と同じように駆使すると、相手にとってまったくついていけないプレゼンになってしまいます。

ましてやエンドユーザーに対するプロモーションであったら、なにがなんだかわからなかった、という最悪の結果になりかねません。

聞き手の年齢やライフスタイルなどだけでなく、トピックに関する知識レベルや興味レベル、重要と感じる情報、主な関心ごと、心が動くツボなどを具体的にわかっていることがカギとなります。

一見、自分と相手に何ら共通点なんてなさそうな時であっても、質問を繰り返すことで、何らかの共通点が必ず見つかるものです。

ではどうやって共通の基盤を見つけていけばよいのでしょうか。

私が日本で「マザーズ・コーチング」をしている女性たちにセミナーをした時のことです。

「マザーズ・コーチング」とは、子育てにもコーチングの手法を使って、お子さんと接していこうとするコミュニケーション方法です。

私自身、ひとり娘を持つ母親ですが、この時点まで「マザーズ・コーチング」の存在を全く知りませんでした。

そこでまず参加予定者数名に聞き込みをしました。

スピーチ／プレゼンでは、「聞き手」や、あるいはターゲット層にあらかじめインタビューしてみるというのをお勧めします。

「生の声」で聞いてみることほど、実感になることはありませんから。

そしてインタビューしてみた結果わかったのは、マザーズ・コーチを知らないお母さんに、その価値を知らしめるのが高いハードルになっていることでした。

「マザーズ・コーチの価値がわからないので、そもそも子供を置いてまで講演会にまで来ようという興味を持たない」

「わからないことはママ友に聞けばなんとかなると思っている人も多い」

「ママ友からは得られない専門家の知識が得られるのがマザーズ・コーチなのだが、それを知らない人が多い」

こうした生の声から、子育てに悩んでいるお母さんたちに、

「マザーズ・コーチの価値を理解し、お金を払ってでもコーチングを受けてみたいと思ってもらう」

というゴールにむかうのが大切だとわかりました。

これをもとに組み立てたセミナーは、「プレゼンの基本」、ではなく、「ターゲットにとってのマザーズ・コーチの価値を明確に言語化すること」に焦点をおきました。

そしてターゲット層であるお母さん像を具体的に想定し、その人たちに対して「刺さるポイントはなにか」をグループで議論し、それをどう表現したらもっとも明確に価値が伝わるか、「20字以内で短く」語るという練習をしてみました。

その結果、各グループでは次のような聞き手視点のメッセージが出来上がりました。

「家族の協力を楽しく引き出すプロのテク」（18字）
「一人じゃないよ。子育てプロの安心テクニック」（20字）
「親子で自分を好きになれるプロのメソッド」（19字）

おかげで参加したマザーズ・コーチの方たちが、プレゼンの劇的な変化を目の当たりにし、

「おしゃべり上手がプレゼン上手であるわけではなくて、聞き手が惹きつけられる内容が一番大事だとわかりました」

とプレゼン改善を喜ばれました。

「聞き手」や、あるいは同じ属性を持つグループにインタビューして、**彼らの関心があ**

るトピックを探り出すということです。

ある日系保険会社のワークショップでは、毎回私が心がけていることというのは、聞き手の8割がアメリカ中西部の白人という、まさに異文化の、自分とは共通項がなさそうなグループだったのですが、これも事前に何人かにインタビューすることで、人にいえずに不満を抱えていること、部署によっての意識のズレがあることなどを摑むことができました。そして彼らが持つフラストレーションは、私自身も感じたことのあるものでした。ここに共通項がありました。

「聞き手」にインタビューして、相手の本音や悩みがわかれば、彼らがなにを聞きたいのかがわかります。とはいえビジネスプレゼンでは、必ずしもインタビューができないケースも多々ありますよね。

たとえば初めてうかがう会社での第一回目営業プレゼンなどでは、先に電話インタビューなどできないでしょうし、基調講演やカンファレンスだと、来場者が多すぎてこれもなかなかインタビューはできないでしょう。

そのような場合は、今ならインターネットを使えば、相手や先方の企業に関する情報はある程度取れるはずです。

1) 相手の会社のウェブサイトやSNSページ
2) 有力紙での記事検索
3) 上場企業なら、アニュアルレポート
4) 業界団体のウェブサイトや刊行物
5) ユーザーや専門団体による商品レビュー
6) 就活サイトなどでの同社の評判
7) 競合と考えられる企業の情報や業界情報
8) 企業の所在地の周辺コミュニティー情報
9) 会う相手のLinkedInなどSNSページ

先述の保険会社の場合、研修提案のプレゼンをした際に、実は事前に多くの調査もしていました。

ウェブサイトをくまなく見てみると、「お客様視点」「思いやり・調和・敬意」が企業文化や理念の根底にあることがわかりました。また、ロイターやジャパンタイムズでは、同社が現在M&Aを積極的に行っているという動きがわかり、これにより、M&A先の企業の異なる文化や価値観とすり合わせ、融合させていく必要性が高まるのだろう、と予測できました。

さらに、SNSサイトへの書き込みやレビューなどをサーチしてみると、被保険者の満足度が高いのは丁寧なカスタマーサービスであるものの、ジャパンデスクでは満足度が高い一方、米国デスクでは満足度にばらつきがあり、時折、保険金処理に時間がかかることがある点に若干不満を感じている、ということがわかりました。

これだけの情報でも、「M&A後もお客様視点を徹底し、一貫したクオリティーのサービス提供をするため、企業理念浸透から日々のアクションにつなげるためのコミュニケーション・プロセスの明確化を行う」ことを主眼とした提案に結び付けることができ、見事、この研修案件を獲得できたのです。

マーケティングと同じように収集した情報から、自分のプレゼンはどんなメッセージが刺さりそうか、聞き手視点になって考えてみましょう。

聞き手を知る4つの質問②

「聞き手」のメリットは？

つぎに自問してもらいたいのは、「**聞き手がその話を聴くことで、得られるプラスは何か？**」ということです。あなたが売りたい商品、あなたが通したい企画、あなたが知って欲しい知識は、聞き手にとってどういうメリットがあるでしょうか。

ちょっと頭の体操をしてみましょう。有名なセールスの喩え話に、「エスキモーに冷蔵庫を売る」というものがありますよね。

「欲しがられないものを、それでもセールスするにはどうするか？」

というときに使われる例です。

寒い極地に住む人たちに、どうしたら冷蔵庫を売ることができるのか。

もし冷蔵庫を「氷が作れる箱」としてセールスしたら、売れるはずがありません。人は欲しくもないものを売りこまれてもなんの関心もないどころか、迷惑であるだけです。

しかし相手にとってのプラスを盛りこんでみたら、どうでしょうか。

「これなら肉も野菜も、こちらが望む適温で保存できるんです」
「外に取りに行かなくても家のなかだから楽ですよね」
「凍った肉を解凍するのに最適です。冷蔵庫で解凍すると、室温で解凍するよりもずっとおいしくできるんですよ」
「好きな時においしいステーキを食べられるって、いいですよね！」

といったように**相手にとって魅力的な「未来予想図」を見せる**ことができたら、購買意欲をそそるのではないでしょうか。

売りこまれていると感じると、人は警戒しますが、これを手に入れたらこんないいことがあるという「未来予想図」を描いてみせれば、聞き手は身を乗りだして聞くものです。

人は自分のプラスになる「**自分事**」であれば、関心を払います。

プレゼンになると、つい「この新製品の機能はこれこれで」といったことを言いたくなるものですが、「それが相手にとってどう役立つのか？」と何度も自問しながら、その理由を書きだしていってください。

「このコラボ企画が通ったら、互いの顧客を取りこんで、さらにお客さまにとっても手にいれたくなる魅力的な限定商品なので、誰にとってもハッピーな未来が予想される」
「このグループソフトウェアを導入したら、チームワークが引き出されて、今まで時間がかかった引き継ぎや情報の共有がたちまちできて、ムダな時間をなくしたぶん、クリエイティブに働ける」

そんなふうに「聞き手」にとって「**プラスになる未来予想図**」があれば、話に耳を傾けてくれるはずです。前述した「聞き手が誰か」インタビューして、彼らの悩みや望みを探り、その問題を解決できるアイデアなり、その望みにプラスに働くものなりが、なにかを考えてみましょう。

このスピーチやプレゼンを聴くことで、聞き手が得られるものはなんなのか、「聞き手視点」に立って考えてみることです。

聞き手を知る4つの質問③

「聞き手」になぜ自分が話すのか？

そして3つ目に自問して欲しいのが「**なぜあなたがその話をしなくてはならないのか**」ということです。

他の誰でもなく、なぜあなたがその話をするのでしょう？

実際には「営業部だからセールスしなくてはいけない」とか「自分にプレゼンがまわってきてしまったから仕方なくしている」といったケースだって少なくないはずです。

でもそれを聞き手に感じさせたら、聞き手の関心は引けません。あなたがその商品をセールスするならば、自分がいかにこの商品のスペシャリストか、どんなパッションを持っているのかというのを見せてプレゼンするだけで、相手への刺さり方はまったく変わってくるのです。

たとえば上司が商品説明する予定だったのが、たまたまその日は都合が悪くなって、あなたがピンチヒッターで引き受けるようなケースもあるでしょう。その場合はピンチヒッターであっても、自信がなさそうに語るべきではありません。

よくありがちなのは、「申しわけありません」と謝るパターンです。「本日は上司が来るはずだったのに。私なぞですみません」と卑下して謝るわけですが、それでは相手はがっかりしてしまいます。

それよりも「私が話す」意味があることを示して、こういってみてはどうでしょうか。

「今日は上司が来るはずだったのですが、私は上司と商品を一緒に育ててきたチームの一員なので、この商品について熟知しています。本日はぜひ私からこの商品の良さを伝えさせてください」

こんなふうに自分がいかにその商品に詳しく、パッションを持っていて、説明をするのに値する人間であるかということを伝えれば、相手は安心するはずです。

聞き手にしたら「選手交代で入ったベンチの補欠」よりは、たしかな「スタメン」の説明を聞きたいのです。それこそが聞き手の立場にたった話し方だといえます。

必ずプレゼンの前には「なぜ自分がするのか」と自問してみましょう。そして聞き手にとっても、自分にとってもプラスに感じられるポジティブな要素を考えてみてください。

「**自分にしか語れないストーリー、経験談、知識**」はなにか。

あるいは少なくとも「**自分らしい語り口**」など、自分だからこそ伝えられることがあるはずです。

それは何なのか？　自分の強みや過去の経験など、自分の内側を観察してみてください。必ず**あなたにしかできないこと**があるはずです。

聞き手を知る4つの質問④

「聞き手」にどう行動してほしいのか？

さて、ここまでの3つの質問で、

「聞き手は誰か？」

「聞き手にとってのプラスは何か？」

「なぜ自分が話すのか？」

という下調べはできたかと思います。


つぎに考えてもらいたいのは、**「なぜあなたはその話をするのか？」**という根本的な問題です。

そもそもその話をする目的はなんなのでしょうか？

この章の最初で語ったように、スピーチやプレゼンは「**相手を動かして、なんぼ**」なのです。

このプレゼンや講演が終わったら、**聞き手にどうなって欲しい**のでしょうか。

聞き手に「製品を買ってもらいたい」のか、「考え方を変えてもらいたい」のか、「企画に賛同してもらいたい」のか、どうなって欲しいのかというゴールを考えてみて欲しいのです。

そのゴールを明確にするために役立つのが、「PAINT」の考え方です。

PAINTは以下の英文の頭文字を取っていますが、このどれに当てはまるかを考えてみると、目的をハッキリさせることができます。

Persuade　聞き手を**説得**したいのか。
Action　聞き手に**行動**して欲しいのか。
Inspire　聞き手を**啓発**したいのか。
Notify　聞き手に**通知**したいのか。
Think　聞き手に**思考**してもらいたいのか。

たとえば懐疑心や反対意見を持つ相手を説得したいなら「Persuade」（説得）
購入という行動を起こしてもらいたいなら「Action」（行動）
社員のやる気を高め、啓発したいなら「Inspire」（啓発）
あまり知られていない事実を正しく知ってもらいたいなら「Notify」（通知）
これまで持っていなかった視点で考えてもらいたいなら「Think」（思考）

このように、どの目的に当てはまるか分類することができます。

PAINTの頭文字でなら覚えやすいので、私はいつもこのPAINTを先に考えるようにしています。

「聞き手」から「どういう行動を引きだしたいのか」をわかっているのが、スピーチ／プレゼンの大前提です。

具体例をあげると、一般的にいえば、セールスの最終ゴールは買ってもらうことですよね。

かといって最初のミーティングから「Action（行動）」を求めて、商品を売ろうとしてもうまくいきません。

実際に買ってもらえるまでには数回のミーティングを行うことでしょう。ですから、1回ごとのミニ・ゴールを作るのです。たとえば、1回目のミーティングでは買ってもらうことではなく、営業先に商品や我が社のことを知ってもらう「Notify（通知）」が最初のゴール。

2回目は意志決定者につなげてもらえるように、「Persuade（説得）」することがゴール。そして3回目には意志決定者にプレゼンして買ってもらうという「Action（行動）」につなげることがゴール。

最終ゴールだけでプレゼンをするのではなくて、**毎回のミニ・ゴールを決めておくこと**が成功の秘訣です。

聞き手が誰か、聞き手にとってのプラスは何か、なぜあなたが話すのか、そしてこのスピーチ／プレゼンが終わったら、聞き手にどうなっていて欲しいのか。

それを明確にすれば、ステップ1は完了です！

「15歳も45歳もプロセスは同じ」

この章で説明した「**聞き手視点で情報を整理する**」こと、そして「**聞き手と、自分の共通項を探す**」という作業は、あらゆる就活や面接でも役にたちます。

私はビジネスプレゼンだけでなく、転職でステップアップされるクライアントさんの就職面接を、個人的にコーチングする機会もよくあります。

この場合、大切にしているのが、「**聞き手と、その人という円の重なる共通項**」を探すことです。

就活面接の場合は、

「自分の学歴、勤務経験、スキル、哲学、特技、性格、強み」

「相手企業の理念、社風、歴史、事業や代表的商品、ブランドイメージ」

という両方を照らしあわせて、

「この企業のベネフィットになることで、**自分が提供できるものはなにか**」

と考えていくのが重要なプロセスです。


たとえばクライアントのシゲモリさんは40代半ばの男性、大学卒業時から大手銀行勤務。MBA卒業後、ニューヨークに配属されて活躍されていた方でした。

もっとチャレンジしてみたいと思った矢先に、大手IT企業A社のサンフランシスコ支社の幹部候補としてのチャンスが到来しました。

そこで最終面接前にスピーチのコーチングをさせてもらいました。

「A社とシゲモリさんは相性も将来性もばっちり！」という共通項を見つけるべく、たどったステップは、つぎの3つのステップです。

まずシゲモリさんの「強み・経験・信念」を語ってもらいました。

そしてA社の「理念・社風」を表す言葉をあげながら、A社が大切にしていること、そして求めていることを明確にイメージしました。

そしてシゲモリさんとA社の共通点を見つけていき、ワンビッグメッセージをかためたのです。

この3つのステップは、どんなケースでも使えます。

ユニークな例では、高校受験をする学生の面接スピーチを指導するというケースがありました。

この場合でもまったく同じなのです。

15歳の受験生、ミアちゃんに話をしてもらって、彼女の経験や価値観などを引き出していきました。

そして受験校の哲学、校長先生の言葉などから、校風をひもといていく。

その上で志望校との接点になりそうな価値観を探し、それをストーリーにしていくというプロセスです。

ミアちゃんが、いろんな話の中でしきりに言っていたのが、「人々を助けることを大切にしたい」ということ。

さらに「助ける」とはどういうことなのかと掘っていくと、彼女にとっての「助ける」とは、「自信をなくしたりやる気をなくしたりしている友人を勇気づけ、各自のゴールや夢に向かっていけるよう寄り添ってあげること」だと定義できました。

第一志望のE高校は「前向きなマインドと人間性・リーダーシップ・社会貢献力」にとても力を入れている学校です。

ことにその学校が大事にしている言葉のなかでもミアちゃんが強く語ることができるのは、Optimism（前向き、楽観的）に基づいたチームリーダーシップとわかりました。

そこでストーリーに落とし込んでいったところ、こんなスピーチができました。

私は前向きなチームリーダーです（15字）。私が入っているバレーボールチームの地区決勝戦の時のこと。それまで同点だったのに、5セット目で、あるチームメイトがミスを連発し、その結果負けてしまいました。その子は自分のせいだと思い、チームメイトも、〝あの子のせいで〟というばかり。

私はその子に歩み寄り、〝あなたのせいじゃないよ。これはチームスポーツなのだからチームメンバー全員の責任だと思うよ。次また頑張ろう〟と声をかけ、さらにチームメイトたちにも同じことを話しました。

チームは、一人でもやる気が落ちてしまうと全体のやる気が落ちてしまいます。だから私はチーム全員がやる気が高まるように、前向きにチームを支えるのを心がけています。

こうしたマインドを強みに使いながら、「前向きなチームリーダー」としての人格を強めて行けば、地域コミュニティーや社会でも人々を助けてあげることができると思います。E高校なら私はさらにそういう人間になっていけると思います。


その面接の甲斐あってミアちゃんは第一志望校にみごとに合格！

そして幹部候補面接のシゲモリさんも、みごと職を手にされ、現在、その企業の幹部として活躍していらっしゃいます。

受験をする15歳であっても、幹部候補の面接を受ける45歳であっても、プロセスは一緒です。

あなたの経験や強みや信念という円と、志望先企業の哲学や求めていることという円を明確にして、その重なる共通基盤にむかって、ワンビッグメッセージを届けてください。

第3章

何を伝えるのか

Step 2

「優れたスピーチは9段階構造」

ステップ2では、スピーチ／プレゼンで何を伝えるか、構成についてマスターしていきましょう。

人気の映画や小説が、観客、読者を惹きつけて、最後まで引っぱることができるのはなぜでしょうか。それは考え抜かれた構成があるからです。

同じようにプレゼンやスピーチにも、こうすれば**必ず聞き手の頭と心に届くというゴールデンパターン**があります。

そのゴールデンパターンさえ身につければ、あなたもプレゼン名人です。

一般的には、スピーチの構成は、**オープニング（導入）**、**ボディ（本論）**、そして**クロージング（締め）**という構成が基本、とされています。ですが、相手の心と頭を動かすスピーチであなたがブレイクスルーするには、じつはこれだけでは不十分なのです。

スティーブ・ジョブズにしろ、オバマ元大統領にしろ、世界の優れたスピーカーたちは、じつをいうと3段階には留まらず、もっと細かく構成を作りこんでいるのです。

相手の頭と心を動かすためには、情報を戦略的に細かく仕込んでいかなくてはなりませんが、そのすべての情報が「点」ではなく「線」として流れるようにつながっていなくてはなりません。

それを可能にするのが、ブレイクスルーメソッドが提唱する「**9段階構造**」です。構成を「9段階」に作りあげることで、世界のトップのように、聞き手の心と頭を動かすプレゼンに仕上げましょう。

この9段階構造のポイントは3つあります。

(1)すべてはワンビッグメッセージに向かっていること。

(2)ポイントごとに「トランジション」(移行)が含まれていること。

(3)オープンニングとクロージングが、それぞれ3分割されていること。

では、それぞれ細かくご説明していきましょう。

「すべてはワンビッグメッセージに向かっている」という原則通り、オープニングからクロージングに至るまで、この9段階はワンビッグメッセージを伝えるために存在します。

まずオープニングで聞き手を惹きつけて、つぎに本論ではメインポイントを述べていきます。

メインポイントというのは、「ワンビッグメッセージ」を支える根拠のことです。

たとえばあなたのワンビッグメッセージが

「毎日スクワットをするだけで体が変わる」（18字）だとしましょう。

それを支える根拠として、次のようなメインポイントが考えられるかもしれませんね。

「大きな筋肉である太ももを鍛えると、基礎代謝があがる」

「脊柱起立筋を鍛えると、姿勢がよくなる」

「お尻の大殿筋を鍛えると、ヒップアップになる」

だから「毎日スクワットをするだけで体が変わる」というメッセージに結びつくわけです。

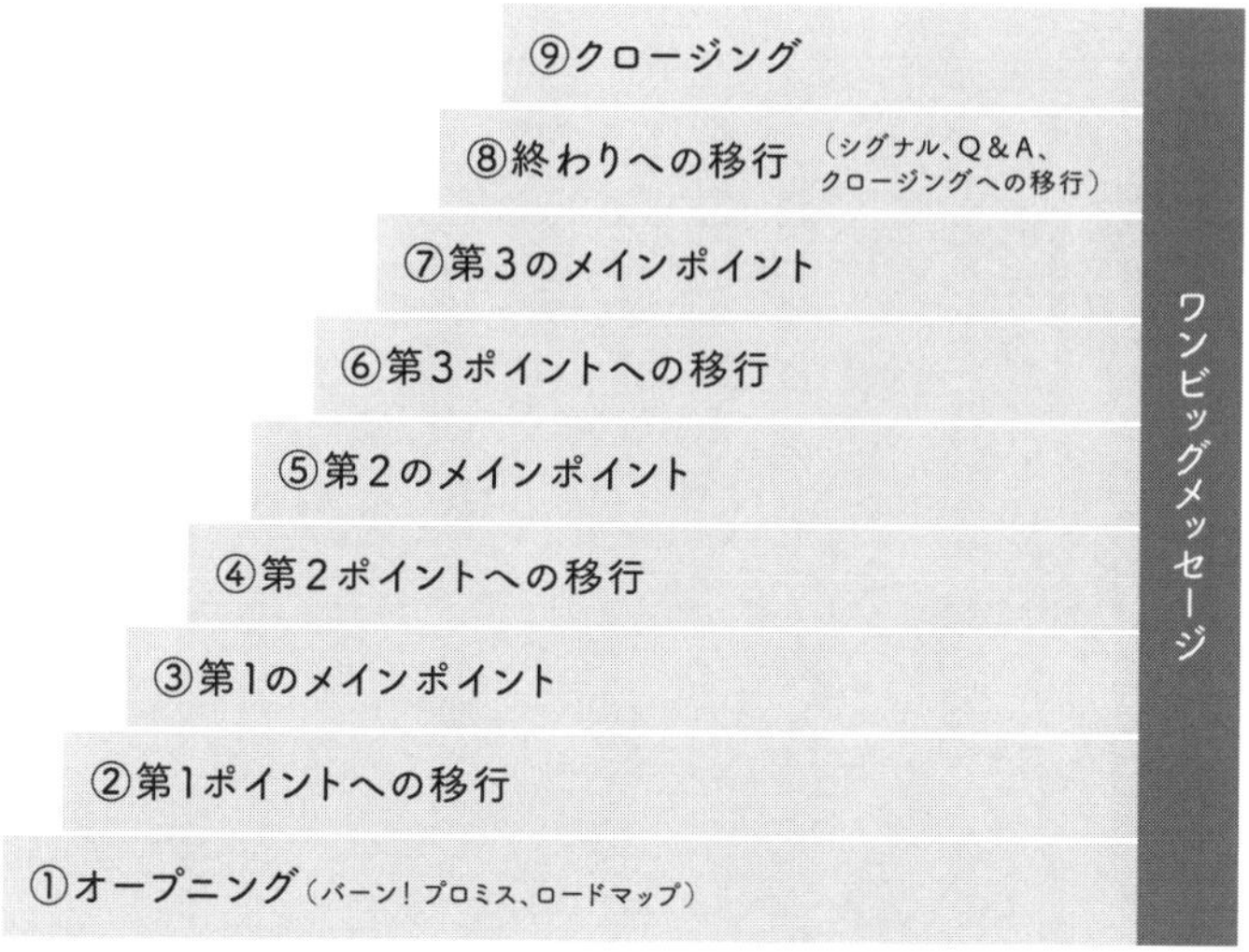

ワンビッグメッセージの9段階構造

このようにワンビッグメッセージに導く根拠をメインポイントと呼び、3つのポイントがあるのがベストです。

本論ではメインポイントを3つ述べて、それからクロージングで締めるという流れになります。

この「9段階構造」の流れを表すと、次のようになります。

①オープニング（バーン！　プロミス、ロードマップ）
②第1ポイントへの移行
③第1のメインポイント
④第2ポイントへの移行
⑤第2のメインポイント

⑥第3ポイントへの移行
⑦第3のメインポイント
⑧終わりへの移行（シグナル、Q&A、クロージングへの移行）
⑨クロージング

このオープニングと、クロージングにある、それぞれ3つの要素については、後ほど説明をします。

ここで留意したいのが、「移行」です。3つのポイントを述べる前に、それぞれ「移行」があることにお気づきですね？

なぜ「移行」が必要かというと、**ポイントを語るだけのプレゼンであると、情報が「点」として並んでいるだけで、**つながっていない印象になってしまうからです。

例として「A社を買収すべき」というワンビッグメッセージを伝えたいとしましょう。

その根拠として、
「商品ポートフォリオが補完関係にありシナジー効果あり」
「我が社は到達しえていない市場にA社は強い」

「企業文化が似ている」

という3つのメインポイントを挙げると仮定します。

そのプレゼンの導入部分を、次の2つのバージョンで比べてみてください。

《バージョン1》

オープニング　**：**なぜA社を買収すべきか説明したいと思います。

移行　**：**なし。

第一のポイント：まず商品ポートフォリオが補完関係にあり、シナジー効果があるからです。

《バージョン2》

オープニング：

我が社はこれまで市場拡大してきましたが、今、限界が来ています（**バーン！**）。

しかし限界を突き破る方策がひとつあります。A社の買収です（**ビッグプロミス**）。

今日はなぜA社を買収すべきか、大きな理由を3つ述べます（**ロードマップ**）。

移行：

我々はこれまでハイエンド部品で市場シェアを不動のものにしてきました。しかし近年成長が目覚しいＢＲＩＣ諸国では基本部品の需要が高く、この市場が取り込めていませんでした。

第１のポイント：

ＢＲＩＣ諸国での基本部品に強いＡ社を買収することで、我が社の商品ポートフォリオと補完関係が得られ、シナジーが生まれます。では彼らの商品ポートフォリオを具体的に比較してみましょう。

さて、ふたつのバージョンを比べてみて、いかがですか。

《バージョン１》では、たしかに述べていることは正しくても、味もそっけもなく、この調子で全編続けられたら、聴衆は確実に飽きてしまうし、眠ってしまうかもしれませんね。

なぜかというと、情報をそのまま点として並べただけだからです。

たとえるならば、懐石料理を頼んだら、最初から最後まで、お刺身が同じようにお皿に載って出てきた、というイメージでしょうか。

それぞれのお刺身はおいしいかもしれませんが、おもしろみに欠けて、中盤になったら、「また次も違うお刺身だよね」と、わくわく感は持続しないでしょう。

しかしここに**移行を入れた途端、点が線としてつながり、興味が最後まで持続する**ようになるのです。

懐石でたとえるなら、最初は先付（わくわくさせる華やかなオープニング）。

お椀（だしの引き方で料理人の腕前がわかり、次に期待が高まる）。

向付のお刺身（メイン1）。

八寸（次の料理までこれでお酒を召し上がっていてください、という位置づけの八寸で、楽しみが持続）。

魚料理（メイン2）。

炊き合わせ（旬の野菜で落ち着いて最大のメインへ）。

肉料理（メイン3）。

そしてご飯が出てくるともうすぐ終わりの合図、水菓子で締める。合間につなぎが入るからこそ興味が持続するわけです。

《バージョン2》では、そのつなぎとなる移行を入れています。オープニングで聞き手の関心を惹いたあと、メインポイントに移る前に、その背景を「移行」として語っています。そのために聞き手としては、「こういう背景があったから、我が社の商品ポートフォリオと補完関係が得られるのだな」と自然に流れについていけます。

ただしここでひとつ留意点があります。どんな移行を入れるかは、**聞き手視点で考えなければならない**、ということです。相手があなたのワンビッグメッセージに懐疑的ならば、障害を取り除く移行にして相手の心を開かなければいけません。

もし現状維持派の相手なら、危機感をあおる移行にして、行動に移す意欲を掻き立てなければなりません。ここでも、まさに前章でお話した「聞き手視点」が大切なのです。

スピーチひとつ作るのに、こんなに細かく、いろんなことを考えなきゃいけないのか！　と思われるかも知れませんが、残念ながらその通りです。スピーチがうまい人たちはそこまで作りこんでいるから、抜群によくわかるのです。

ですが、心配しないでください。ブレイクスルーメソッドでは、たった1枚で構成の骨子を作ることができる「**GPS シート**」を使って学んでいきます。

それぞれの段階の骨子の作りこみは、このGPSシートで演習できますので、シートに従っていけば、むりなくできます。次ページをご参照ください。

さて、9段階があるとわかっていただいたところで、その最初の部分であるオープニングについて解説していきましょう。

GPSシート	
STEP.1　WHY? なぜ伝えるのか	
AUDIENCE 聴衆は誰か、何を考え 求めているか?	1
WHAT'S IN IT FOR THEM どんな価値が得られるのか?	2
WHY YOU? なぜ あなたなのか?	3
P.A.I.N.T. このスピーチの 目的は?	4

1 聞き手の関心があるトピックを探り出す

2 聞き手が自分事として考えられ、魅力的な未来予想図を見せる

3 自分にしか語れないストーリーや知識を自分らしい語り口で

4 説得・行動・啓発・通知・思考のどれか目的をハッキリさせる

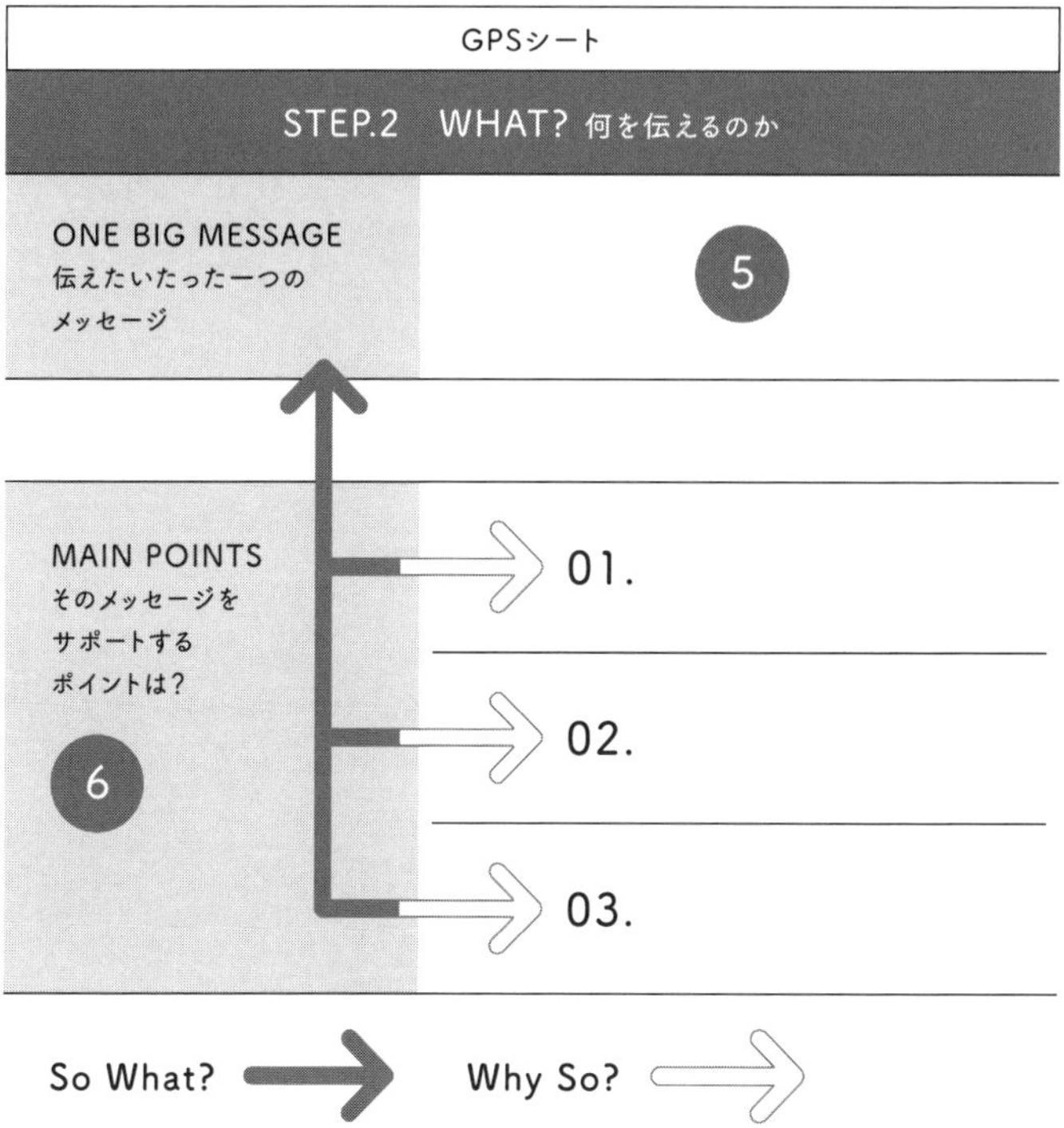

5 ロジカル思考を使って、
聞き手に重要なものだけに絞る

6 So What?(だから何が言える?)と
Why So?(なぜそう言える?)を使って
ワンビッグメッセージと各メインポイントとの
整合性も検証する

7 最初の7～30秒でグッと聞き手をつかむ

8 聞き手にどんなよいことがあるかを明確に示す

9 話が進んでいく道筋・順路を示す

10 メインポイント①を具体的に示すストーリー

11 メインポイント②を具体的に示すストーリー

12 メインポイント③を具体的に示すストーリー

13 全体をまとめクロージングに向けて準備する

14 ワンビッグメッセージが永く記憶に残る、
聞き手を動かす締めのメッセージ

GPSシート		
STEP.3　HOW? どう伝えるのか		
□ min	印象に残るオープニング	バーン！ ビッグプロミス ロードマップ
	次ポイントへの移行	
□ min	メインポイント①	メインポイント① 具体例・ストーリー
	次ポイントへの移行	
□ min	メインポイント②	メインポイント② 具体例・ストーリー
	次ポイントへの移行	
□ min	メインポイント③	メインポイント③ 具体例・ストーリー
□ min	終わりへの準備・移行	終わりが近づくシグナル Q&A クロージングへの移行
□ min	印象に残る クロージング	

「つかんで、約束し、行き先を告げる」

オープニングは、いかに聞き手を引きつけるかという導入部分です。ここに成否がかかっているといっても過言ではありません。
オープニングには、つぎの3つの要素をいれましょう。

「The Bang!」（バーン！）
「Big Promise」（ビッグプロミス）
「Roadmap」（ロードマップ）

「The Bang!」とは、英語で「ドカーン！」とか「ジャーン！」と音をさせる意味になります。

日本語でいえば「**インパクトのあるつかみ**」と考えるとわかりやすいでしょう。芸人さんが舞台に立つ時は、最初の一言でバシッと観客をつかめるかどうかが大切ですよね。それと同じで、プレゼンも最初にグッと聞き手をつかむ言葉が肝心です。

つぎに「ビッグプロミス」とは**聞き手への約束**のことです。これはオープニング時点で、「聞き手にとってどんな良いことがあるのか」を明確に示すためのものです。

「聞き手視点」がここでも大切です。あなたのワンビッグメッセージを聞いたら、聞き手にとってどんな良いことが起こるのか？　それを約束してあげることです。

例文をあげてみましょう。

「このプレゼンが終了する1時間後には、皆さんは明日から使えるスピーチの3つのコツを習得しています」

プレゼンが終わる時には、明日から使えるコツを3つ習得できているという約束があるため、聞き手はそこに向かって関心を持つことになります。自分にとっての利益を約束してもらったら、興味が高まりますよね。

もしこれを「自分視点」で語ったとしたら、

「今日はスピーチの3つのコツについてお話ししたいと思います」

となってしまって、聞き手にとっては、ぐっと引き込まれる度合いがさがってしまいます。

ビッグプロミスは、あくまで「聞き手視点」で、聞いている人にとってのプラスを約束してあげるのが大切です。

たとえば、「ブレイクスルーメソッドを受講すべきです」(19字)というのがワンビッグメッセージだとしてみましょう。ビッグプロミスには、

「学校で学んだら1年はかかる内容を、最短3ヶ月で習得できます!」

といったことを述べるといいかもしれません。

しかしこのビッグプロミスを、時間がありあまっているリタイア後の元サラリーマン

にいったとしたら、さほど価値は感じられないでしょう。

それよりも、

「第二のキャリアを呼び寄せるストーリー力が習得できます」

といったほうが、ずっと価値があるプロミスと感じられるはずです。

つまりビッグプロミスは、あくまで「聞き手視点」で、聞いている人にとって何が最大の利益になるのかを考えたうえでの「約束」であることが大切なのです。


つぎに「ロードマップ」とは、なにか。これは**話が進んでいく「道筋」「順路」**といった意味です。

スピーチのなかで、聞き手へのビッグプロミスを、どんな順序で説明していくか、スピーチのアジェンダのようなものです。たとえば、こんな例が考えられます。


「これからブレイクスルーメソッドの3つの特徴についてお話しします」

「優れた構成を作る3つのステップ、Why, What, Howについてお話しします」

「コミュニケーション力を高める3つのAについてお話しします」

このように「どんな」「いくつの」メインポイントを話すのか、話の大まかな道筋が見えるようにすると、どこに向かうのかわからない旅ではなく「**行き先（ビッグプロミス）と行き方（ロードマップ）が見える旅**」になります。

このビッグプロミスとロードマップは、スピーチのオープニングの際に、明確に示してあげましょう。これを示すことで、聞き手は、スピーチ内容に対して期待感を持ち、頭の整理もつきやすくなるのです。

この道路がどこに向かっているのか、どういうルートで着くのかという道路標識がドライバーにとって安心であるように、スピーチ／プレゼンでもロードマップを示してあげれば、聞き手にとっては話をたどりやすくなります。

さて先ほど《バージョン2》であげたオープニングの例をもう一度見てみましょう。ここにもじつは「バーン！」「ビッグプロミス」「ロードマップ」がちゃんと仕込まれています。

「我が社はこれまで市場拡大してきましたが、今、限界が来ています（バーン！）。しかし限界を突き破る方策がひとつあります。A社の買収です（ビッグプロミス）。今日はなぜA社を買収すべきか、大きな理由を3つ述べます（ロードマップ）」

最初に危機をあおって聴衆の関心をグッとつかみ、そこに「A社の買収」という打開策を約束してみせて、その理由をこれから3つ述べるという行き先を示すわけです。聞き手にとってはこの先に関心を引き寄せられます。

スピーチ上手なリーダーたちの話を分析してみると、この「バーン！」「ビッグプロミス」「ロードマップ」が盛り込まれていることを発見できることでしょう。

ぜひあなたもこのゴールデンパターンを取りいれてみてください。

アイデアを広げる発散的思考

どんなスピーチでもプレゼンでも、もっとも大事なことは「ワンビッグメッセージ」を伝えることです。

では、どうやってメッセージを固めていくとよいのか。コツさえ会得すれば、誰でもうまくできるようになります。

ワンビッグメッセージが初めからはっきりしているケースもありますよね。

たとえば宣伝やセールスであれば、

「この英語上達法なら3ヶ月で話せます」(17字)

といったように、最初からメッセージが決まっているものも多いわけです。

一方、アイデア段階では漠然としているケースも少なくありません。

たとえば「A社を買収するのはどうだろう」というアイデアを考えついた段階では、はたしてそれがベストであるかわからない状況もあるでしょう。自分のなかではあれこれと葛藤があって、

「A社の買収であれば、ハイリスクでハイリターンになる」

「一方、B社であれば、リターンは少ないものの、リスクも避けられる」

「だとしたら、両方のアイデアを盛り込んでおくべきだろうか」

などなど、アイデア段階では漠然としていることのほうが多いかもしれません。

最初にしたいのが、あらゆるアイデアを出すことです。

私の場合は、まず**ありとあらゆるアイデアを、ポストイットに書き込んで、壁やホワイトボードに貼って**いきます。

この時点では、「こんなのは、ダメじゃないか」と考えなくていいのです。一切判断をせずに、まず可能性のある、ありとあらゆるアイデアを自由に書いて、貼りだしてください。

これは十分に時間を取ってよい作業です。今日思いつかなかったことを、翌日はふと考えつくこともありますよね。また自分だけではなく、他人からの意見もぜひ取りいれ

てください。

この段階では、きちんと整理しようとせず、型にはまらない自由な状態で、とにかく新しいアイデアを探すことです。可能性の枠を広げていけば、予期せぬ成果が生まれるものですから、判断は後回しにして、あらゆる角度から探ってみましょう。

また最初にパッと思いついたアイデアがベストであるとは限りません。テーマに沿って可能性のあるものを全て出しつくすまで、粘り強くアイデアを考え続けることがコツです。アイデア創出のプロセスを3回、4回と繰り返していくうちに、本当にいいと思えるアイデアが浮かんでくるものです。

私自身がスピーチの大会に挑むときは約1ヶ月をかけて、この作業をします。考えうるアイデアをとにかくどんどん書き出して、もう出ない！　と思えるまでアイデアを出しつくします。

このような思考法をロジカルシンキングの用語では、**「発散的思考」**といいます。この「発散的思考」では、思いつく限りの方向に発想をめぐらすことで、独創的なアイデアを生み出すことが可能になります。

「メッセージを絞り込む収束的思考」

つぎに必要なプロセスが、書き込んだポストイットを、同じカテゴリーごとにまとめていく作業です。

似たもの同士を寄せていくことから、戦略コンサルティングでは「**親和図**」と呼ばれます。

ここがポストイットの便利なところなのですが、いったん剝がしても、また貼りつけることができるのですね。

そうすると、たとえば「商品に関すること」「生産過程に関すること」「市場に関すること」といったように、たくさん書いたポストイットのアイデアは、グルーピングができるはずです。

この絞り込む過程を「**収束的思考**」と呼びます。

発散的思考で出しつくしたアイデアを、「収束的思考」で似たもの同士集めてグルーピングして、そのグループにタイトルをつけます。

各グループにつけたタイトルは、簡潔な言葉で表現できるレベルにまで絞り込んでいきましょう。たとえば、

「商品ポートフォリオが補完関係にある」

「我が社は到達していない市場にA社は強い」

「企業文化が似ている」

といったように文章化してみます。

これが**根拠となるメインポイントへとつながっていく**のです。

そしてグルーピングできなかったその他のアイデアは、今回は使わないかもしれませんが、のちのプロセスで、大切だと気づいて復活するかもしれません。まずは横に置いておきましょう。これを戦略コンサルティングでは、「**パーキングする**」と言います。

そして収束的思考でグルーピングした後のプロセスとして、今度はそれぞれのグループから引き出したメッセージを総合すると「何がいえるのか」を考え、それを「20字」の

ワンビッグメッセージにまとめあげてみましょう。

いよいよワンビッグメッセージのフレーズ化です。

印象に残るワンビッグメッセージを作るためには、コツが2つあります。

ひとつめのコツは、パッと思いついた最初の案に決めてしまわないことです。聞き手視点を忘れず、すべてのメインポイントとつながるワンビッグメッセージをさまざまな角度から表現しては検証を繰り返し、ようやく納得のいくワンビッグメッセージに辿り着きます。

プロのコピーライターは、これ！　と思うコピーに至るまで、何百本も書くそうです。ワンビッグメッセージ作りも同様です。思考量と、より聞き手に刺さるワンビッグメッセージの質は比例する、と考えてよいでしょう。

ふたつめのコツは、簡単でわかりやすい単語を使うということです。コマーシャルや広告などの秀逸なキャッチフレーズには、専門用語のような難しい単語は一切使われていません。

プレゼンやスピーチ、特にビジネスにおける場合は、キャッチフレーズのようにクリエイティブである必要はないですが、プレゼン全体で伝えたいメッセージを20字にまで削ぎ落とす最大の目的は、誰が聞いても誤解することなく、わかりやすく伝わる、ということです。

そのためには、解釈が必要となる表現や、難しい単語は排除するよう心がけましょう。こうして20字にまとめることで、これだけは聞き手に持ち帰って欲しいワンビッグメッセージが固まります。

この経過を経て、たとえば、

「A社の買収が我が社の中長期計画実現に必要」（20字）

といったように、ようやくワンビッグメッセージが明確になります。

ここで、大切な心構えをひとつお話ししましょう。

「何を盛り込むか」と同じくらい、「何を捨てるか」が大切ということです。

聞き手が、「このプレゼン、もう少し長ければよかったのに」といってくれることは滅多にありません。

彼らはもっと情報を詰め込んで欲しいのではなく、もっと簡潔に、明確にして欲しいのです。したがって、「情報を伝えること」と、「情報を控えること」のバランスのとり方が重要です。

スピーチ内容をふるいにかけないままだと、何が最重要ポイントなのかが聴衆に上手く伝わらず、従って反応も悪くなってしまいます。

聞き手視点でメッセージを組み立てることを忘れずに、絞り込み作業は、心を鬼にして行うことです。

あなたが気に入ったアイデアであっても、潔く切り捨てること。それがスピーチ／プレゼンの質を高める秘訣です。

ワンビッグメッセージにつながらない情報を思い切って削ぎ落とすとき、あなたのプレゼンは「なんてわかりやすいのだろう」と聞き手にとっては歓迎するものになるはずです。

ワンビッグメッセージを作るまでのプロセスを今いちどまとめますので、おさらいしましょう。

①ワンビッグメッセージに近い、「大きなテーマ」を貼り出す。
②その下に、そのテーマにかかわりそうなアイデアをポストイット1枚に1つずつ書き出し、壁やボードなどに貼り付けていく。
③重複しているものは捨て、新たなアイデアが浮かんだら足していく。
〜ここまでが発散的思考〜
④アイデアが出尽くしたら、似た者同士をグルーピングしてまとめていく。どのグループにも当てはまらないものは「その他」でも良い。
⑤グループごとに、内容を総合して一言でまとめたタイトルを付ける。
⑥聞き手視点に立ち返り、聞き手にとって大事なものだけを残し、その他のグループは捨てる。
〜ここまでが収束的思考〜
⑦残った各グループから総合して言えることを、ワンビッグメッセージとして20字に絞る。

「メインポイントは3のマジックで作る」

ワンビッグメッセージを支える根拠、それがメインポイントです。

ここまでの過程で、どのようにアイデアを出して、それから絞りこみ、メインポイントにしていくかおわかりになったかと思います。

では、つぎに聞き手に「響く」にはどうメインポイントを磨いていくか、マスターしていきましょう。

まず**メインポイントは、3つ**であることが効果的です。

なぜ3つなのか？

人間には3つの項目なら覚えやすいという「**3のマジック**」があるからです。

童話でも「3匹の子ブタ」や「金の斧、銀の斧、鉄の斧」といった話が思い浮かぶと思いますが、あれがもし2匹の子ブタだったら少ないし、5匹も6匹もいたら多すぎますよね。3という数字は、人類の無意識に刻みこまれた、わかりやすい数なのです。

プレゼンでも、たんに「A社を買収したほうがいい理由を説明します」というのではなく、「A社を買収したほうがいい理由を、3つ説明します」というだけで、聞き手がメモを取る確率が急に高まります。

反対に「A社を買収したほうがいい理由を、15個挙げます」といわれたら、どうでしょう。自分視点で考えると、「こんなに価値を提供しているんだ!」と思うかもしれませんが、聞き手視点で考えたら、メモを取るよりも「資料で配って欲しい」と思うでしょう。

それほど「3のマジック」は強いのです。

「なぜ、そう言えるのか？」を確認

説得力のない話に共通する欠陥としてあるのが、**ロジカルにつながらない話の飛躍**です。

たとえばこんな提案の仕方は、どうでしょうか。

「決め手となるのは、売上高、利益率、成長率です。まずはコスト効率を分析しましょう」

それらしく響きますが、よく聞いてみれば、

「いや、待てよ。コスト効率の話は、決め手とどう関係があるのだろう？」

と疑問がわきますよね。

ロジカルにつながらない話を聞くと、聞き手はモヤッとした違和感を覚えて、説得力がない話になってしまうのです。

そうならないためにポイントが出揃ったら、つぎに**「話の飛び」をなくす**作業をしていきます。

ここでは戦略コンサルが使うロジカルシンキングを使って、ロジックの飛びがないか確認していきましょう。

「So What ?」（だから何がいえるのですか？）
「Why So ?」（なぜそういえるのですか？）

この2つの質問を双方向にしていって確認する作業です。

たとえで演習してみましょう。

「このケーキは最高に特別なんです！」（15字）をワンビッグメッセージとしましょう。

「Why So? なぜそう言えるのですか？」

と尋ねてみてください。そうするとたとえば、

「パティシエが金賞総なめだから」

「1日20個限定だから」

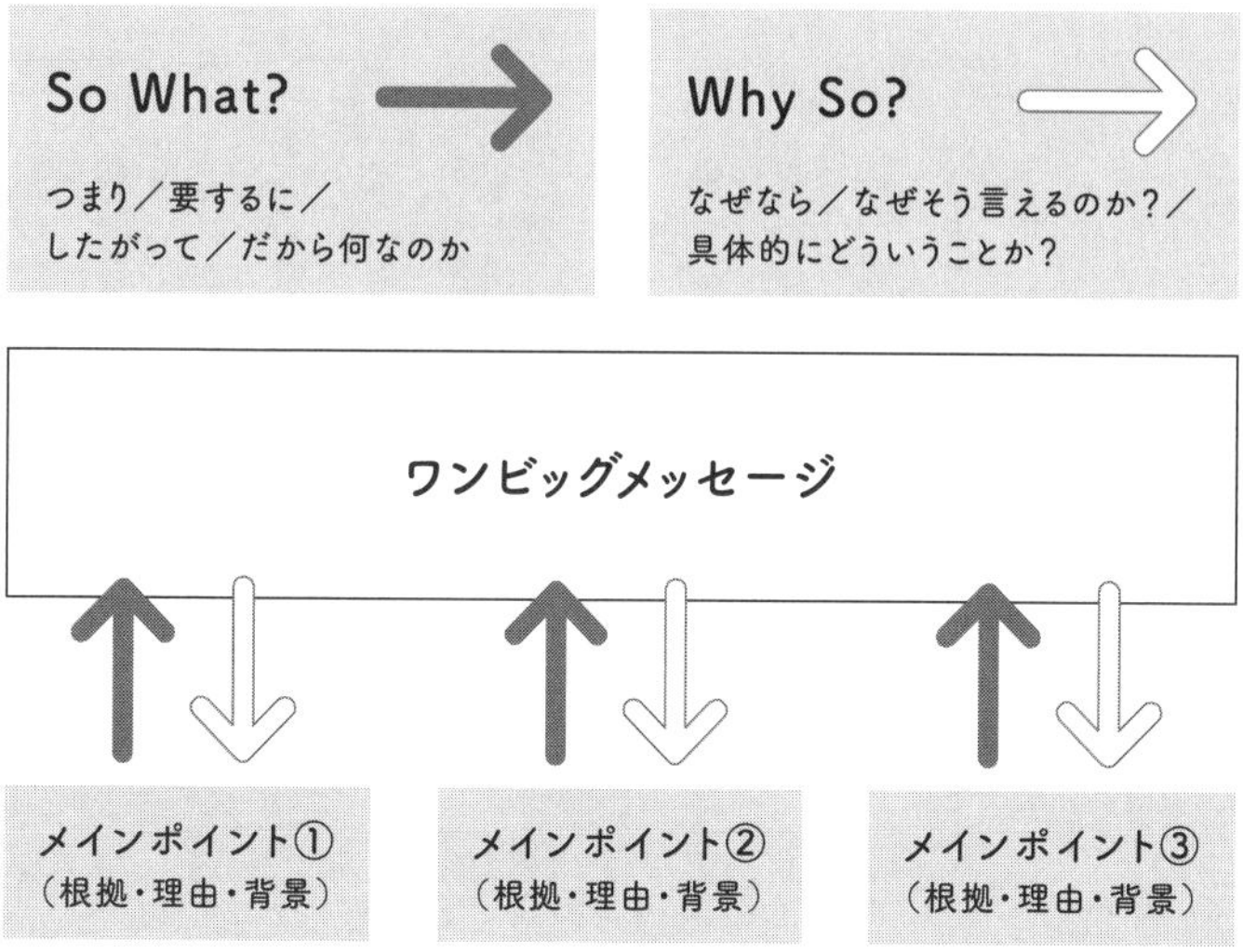

「話の飛び」をなくすWhy So? とSo What?

「イチゴが特級品だから」

といった答えが考えられます。つまりワンビッグメッセージを支えるメインポイントの候補です。

この答えのひとつひとつが、ワンビッグメッセージである「このケーキは最高に特別なんです！」の理由としてしっかりつながっているのか、確認していく作業です。

「このケーキは最高に特別！」というワンビッグメッセージを支えるための、3つの脚がメインポイントだと想像してみると、上から下にむかって確認していく作業が「Why So?」（なぜそういえるのですか？）という質問です。

なぜそれが大切かといえば、**ロジックのゆがみが見つかる**からです。

前述の例の場合、

「このケーキは最高に特別！」なぜなら「パティシエが金賞総なめだから」

「このケーキは最高に特別！」なぜなら「1日20個限定だから」

「このケーキは最高に特別！」なぜなら「イチゴが特級品だから」

それぞれつじつまが合っていますよね？

ところがこれが「このケーキは最高に特別！」なぜなら「チョコレート味とバニラ味があるから」というポイントだとしたら、どうでしょう？

あれ、何かがおかしいと気づきますよね。それでは「最高に特別！」の理由になっていないからです。

そうやって「Why So?」と確認していくことで、ロジカルに情報を整理していくことができます。

「だから何が言えるのか？」を確認

一方、支える脚のほうから上向きにワンビッグメッセージを確認していくのが「So What?」（だから何がいえるのですか？）という問いかけです。

先ほどの「このケーキは最高に特別なんです！」を題材にしてみましょう。

たとえば「1日に20個限定しか作らない」という事実に対して、「だから何がいえるのですか？」と質問してみます。

すると「だから、このケーキは最高に特別なんだよ」という答えが導かれます。

「パティシエが金賞総なめ」だから「このケーキは最高に特別！」
「最上級のマスクメロンを使用している」だから「このケーキは最高に特別！」
「特別なブランド卵を使用している」だから「このケーキは最高に特別！」

それぞれつじつまが合っていますね。

その一方で、「このケーキは、お子さんが食べやすいように切りやすい形にしてあります」といった特徴があるとしましょう。

「だから何？」と問いかけた時に、あれ、ワンビッグメッセージとはつながっていないな、ということがわかりますよね。

「お子さんが食べやすい形」だから「最高に特別！」とは直接つながりません。

それより「お子さんが食べやすい形」がむしろ大切な商品開発ポイントだと気づいたら、ワンビッグメッセージのほうを「お子様にも優しい思いやりケーキです」（17字）などに変更したほうが良い、ということもあり得ます。

こうやって「だから何？」と確認していく作業は、情報のレベル感や種類を揃えるのに役立つのです。

ワンビッグメッセージと、それを支える3つのメインポイントは、必ず「So What?」と「Why So?」の両方を使って、双方向でひとつずつ確認していきましょう。

そうすることで、つじつまがあった説得力のあるプレゼンになるのです。

聞き手で違う「響く」ポイント

スピーチ／プレゼンの「9段階構造」は万国共通の基本です。

何語であっても、どんな国であっても、この「9段階構造」は、相手の頭と心を動かすスピーチ／プレゼンとして使えます。

そしてあなたが伝えたいワンビッグメッセージも、相手が誰であれ変わらないでしょう。

では変わる部分はどこか？

それはワンビッグメッセージをサポートするためのポイントや例、ストーリーです。同じ事を伝えたい場合でも、相手のバックグラウンドや興味によって、響くポイントは変わってくるからです。

伝えるメッセージが同じだとしても、聞き手が違えば、彼らにとって響く根拠というのは異なってくるからです。

聞き手にとって響くことをメインポイントにするのが大事です。

何度でも繰り返しますが、「聞き手視点」は構成を考える際、すべてのプロセスにおいて必要なことなのです。

たとえばワンビッグメッセージが「A社の買収は我が社の中長期目標達成に必要」(20字)であるとしましょう。

聞き手を説得するために、どんな根拠を挙げればよいでしょうか?

もし聞き手が、経営層や役員理事であれば、A社がいかに我が社の戦略的方向性にプラスになるか、というポイントが、響く根拠かもしれません。

A社を買収すべきポイントは「収益性向上」「利益率向上」「投資額早期回収」などが挙げられるでしょう。

一方、プレゼンの聞き手が生産関連部門の人々であったとしたらどうでしょう。自社に欠けているA社の生産技術やノウハウ、規模の経済による生産コストの大幅削減などのポイントが、響く根拠かもしれません。

あるいはプレゼンの聞き手がマーケティング関連部門の人々であれば、彼らに響く根拠は、A社の商品ポートフォリオが、いかに我が社の商品ポートフォリオを補完強化するものであるか、というポイントかもしれません。

誰にプレゼンするのかで、同じワンビッグメッセージでもポイントは変わってくるのです。

ですから、聞き手はどういう興味や価値観を持つ人たちなのか、何を求めているのか、しっかりと調査分析した上で、彼らにもっとも響く根拠は何かを洗い出していかなければ、相手に響くスピーチには仕上がらないのです。

では、この章の終わりに、スピーチ／プレゼンの構成を作るための流れを、今いちどおさらいしてみましょう。

①まず、ワンビッグメッセージのもととなる大まかなアイデアやテーマをざっくりと決める。
②そのテーマに関わる情報を、発散的思考を使いながらどんどん出していく。
③収束的思考でメインポイントにつながる3つのグループへと絞り込んでいく。
④それらのメインポイントから言えるワンビッグメッセージを20字にまとめあげ

る。

⑤最後に「So What? Why So?」を使って、ひとつひとつのメインポイントがそれぞれワンビッグメッセージと整合性が取れているか検証していく。

⑥GPSシートの9段階構造にしたがって記入してみる。

ここまで来れば、あと一歩です。
つぎにストーリーテリングの力についてご説明しましょう。

第4章

どう心をつかむのか

Step 3

ポイントはストーリーで魅せる

まずこの2つのスピーチの出だしを比べてみてください。
こちらは数年前に行われた、ある日本企業トップによるプレゼンのオープニングです。

ただいまご紹介をたまわりました、ノブモト・テクノロジーの信元でございます。今日は講演をさせていただく機会をいただきましたこと、大変光栄に存じております。
「データサイエンスが導く未来像」がテーマということでございますが、お時間30分という短い時間でございますので、これからデータサイエンスがどういう価値を生み出していくのか、という生理学を少しお話しさせていただき、皆さま方のご参考になれれば、と考えております。

次にこの会社の競合でもある、シスコシステムズの前CEO、ジョン・チェンバース氏によるシスコライブでのオープニングです。

25年前、このイベントをはじめた時、会場には25人しかいませんでした。この25年間で私たちは、共に働いて、世界を変えることを学んできました。しかし皆さんはまだ何も見ていないのです。（バーン！）

でも我々は共に協力し合えば、ネットワークの力で世界を、そして全てのビジネスを今の5倍〜10倍へと変えることができるのです。（ビッグプロミス）

そのためにはビジョンが大切です。ではどうやってそんな世界を作るのか。テクノロジーは最も簡単な部分にすぎません。今日お話しすることは、3つの重要な「変革」——組織の変革、プロセスの変革、文化の変革、この3つです。（ロードマップ）

1分にも満たない講演の冒頭部分だけを比べてみても、かなり印象が異なるのがわかります。耳で聴いたら、もっと違いが鮮明でしょう。

この違いはどこから来るのでしょうか？

ひとことでいうならば、それはストーリー性です。

前者の例は、日本でのプレゼンに頻繁にみられるパターンで、社交辞令にもとづいた挨拶がほとんどです。

さらに聞き手の立場に興味を持たせるのではなく、「私が」光栄に感じるという自分の立場で、すでに聞き手全員が知っていることを改めて強調し、「30分という時間」と謙遜で言っているつもりが、「短いからあまり価値を得られないんだな」、という印象を聞き手に与えてしまう決定的なミスをしています。

つまり、わかりきっている事実ばかりで、残念ながら聞き手にとってのベネフィットも興味も感じられないオープニングになってしまっているのです。

一方、シスコの例では、「25年前、このイベントをはじめた時」と、いきなりストーリーで始めています。

「この25年間で私たちは、共に働いて」と、聞き手に一体感を冒頭から感じさせ、「しかし皆さんはまだ何も見ていない」と、意外性を出すことで強烈に聞き手の興味をひき出します。

さらに、「でも……5倍~10倍へと変えることができる」と述べて、聞き手の期待感を高めています。そして聞き手がその時点で感じる「ではどうやって？」という質問の答えが、これから話す内容なのだ！　と簡潔に語り、聞き手の心と頭を、「聴く」体制へと整えています。

社交辞令ほか、むだな情報は一切削ぎ落とし、ストーリーで始まっているからこそ、冒頭から引き込まれるプレゼンになっているのです。

情報をストーリーに落とし込む

「ストーリーが肝心だ」

スピーチの達人たちは口をそろえてこういいます。たとえばパブリックスピーキングの大御所で、全米プロスピーカー協会の殿堂入りをしているパトリシア・フリップは、ストーリーが持つ力について次のように語っています。

「人は、営業プレゼンには抵抗がある。しかし、巧みに語られた良いストーリーには誰も抵抗することができない。そして、下手に語られた壮大なストーリーよりも、巧みに語られた些細なストーリーの方が、はるかに記憶に残る」

また1999年の国際スピーチコンテスト世界大会優勝者であるクレッグ・バレンタ

イン氏も、コーチングをする際に必ず、クライアントにこう尋ねるそうです。

「まずはスピーチについては忘れてください。あなたのストーリーを聞かせてくださ
い」

人は誰しも、情報ではなく「ストーリー」にひきつけられるものです。

それもすばらしかったり、めずらしかったりするストーリーを下手に語るよりも、ごくごく**単純なストーリーをすばらしく語ったほうが、聞き手の脳裏に焼きつく**ものです。

ストーリーというのは、TEDトークのような場面で語るもの。そう思う人もいるかもしれませんね。

しかしストーリーの力は、じつはビジネスプレゼンでこそ発揮されるものなのです。

たとえば、こんなシーンでストーリーは活躍します。

自社の商品やサービスをアピールし、顧客を説得したい。

新たなコンセプトを理解してもらいたい。

社員全体の士気アップや意識改革、行動喚起を行いたい。

自社のビジョンやゴールを投資家たちに伝えたい。

こうした場合、ついデータや数字、理論などの「事実」「論理」や、「背景」「課題」「ソリューション」などの「情報」を箇条書きのように並べて事例紹介として語りがちですが、これらの「情報」だけではなかなか心に刺さりません。

正論を語れば語るほど、聞き手の心が離れてしまった。そんな経験はありませんか？

逆に伝えたい情報をストーリーに乗せて伝えることで、途端にプレゼンでメッセージを生き生きと立体感を持って感じることができるようになります。

聞き手は、わくわくドキドキを体感しながら共感できるので、記憶に残りやすく、腹落ちしやすくなるのです。

ストーリーは、聞き手の興味をかきたて、情緒的につながります。

その理解を頭から体に落とし込み、複雑な内容をシンプルに説明でき、そして、聞き手の学びをも引き出す力を持っているものなのです。**プレゼンの成功はストーリー作りにかかっている**といっても過言ではありません。

「ドキドキのコントラストが心を揺らす」

では、聞き手を引きつけるストーリー作りのコツとは、なんでしょうか。

簡単にいうと、**人は心が揺れると共感しやすい**のです。

人が説得されるためには、頭で情報を理解した（ロゴス）だけでは不十分なので、心が揺れ動く（パトス）ことが必要です。

事例紹介では事実が事実として情報提供されているだけですが、ストーリーだと、登場人物が出てきて彼らがセリフをしゃべり、彼らの葛藤や変化、学びなどが見えます。そういった人間ドラマが見えると、人は「自分もそうだ！　うちの会社も似たようなことがある！」と、身近に感じることができるわけです。

では、その「心が揺れる」ストーリーをどう作るか。その大切な要素として「コントラスト」があります。

人がもっともストーリーに引き込まれるのは、ドキドキハラハラを感じることです。安泰だった状況に、突如危機が訪れ、解決しそうになったら一難去ってまた一難と、山あり谷ありと繰り返され、つまりコントラストが生まれると、ほっとしたりドキドキしたり、緊張感も生まれて、ストーリーに引き込まれます。

あなたの好きなエンタメ映画を思い浮かべてみてください。

『スター・ウォーズ』でも『ロード・オブ・ザ・リング』でも『ハリー・ポッター』でも、途中に「ドキドキハラハラ」があって、主人公と一緒に困難をかいくぐり、手に汗を握るからこそ最後のハッピーエンドでスカッとしたのではないでしょうか。

ほとんどのエンタメ映画は、結末にむかってのドキドキハラハラで成りたっていますよね。

よく「サスペンスに満ちたドラマ」などといいますが、この「サスペンス」とは、観客に不安や緊張の心理を与えて、物語の結末を知ることへの希求を抱かせ、心をつなぎとめる手法のことをいいます。

もし映画『タイタニック』で、タイタニック号が氷山にぶつかってすぐ船が沈没していたら、映画がそれで終わってしまって、なんら盛り上がりもなく、観客の興味は持続しないことでしょう。これではいわばエレベーターのように、目的地まで急上昇、あるいは急降下するようなストーリー作りになってしまっています。

この「エレベーター方式」は、聞き手を最後まで惹きつけ続け、動かすところまでもっていくことを目的とするプレゼンやスピーチでは避けたいものです。

反対にタイタニック号が氷山にぶつかってから、いつまでたっても足元ばかり浸水している状態が続いていたら、それもすぐに聞き飽きてしまいます。いわば「動く歩道」のように、どこまでいっても平らです。

この「動く歩道方式」もプレゼンやスピーチでは避けたいものです。

ではコントラストを出すためにどういう上がり方がいいのか。それは、「**モールエスカレーター方式**」です。

ショッピングモールのエスカレーターのような昇り方を想定してみましょう。

モールエスカレーターというのは、2階に昇るとそこにショップがあって、ぐるりと見て回ると、またつぎのエスカレーターで3階に上がるという徐々にあがるシステムになっているエスカレーターです。首都圏の方は表参道ヒルズを思い起こすと、イメージを浮かべやすいでしょう。デパートのエスカレーターもそのようになっているところもあるかもしれません。

このモールエスカレーター方式で、映画『タイタニック』は進んでいきます。

氷山にぶつかったらまずはボイラールームが浸水した(上昇)。

でも上層階は全く気付かず優雅に過ごしている(安定)。

やがて2階も浸水し始める(上昇)。

でもキャプテンは楽観視(安定)。

手錠を柱につながれていた主人公ジャックの部屋にも浸水が始まる(上昇)。

といったように「コントラスト」が次々と現れるからこそ、緊張感が徐々に高まり、興味が長く持続します。

この「モールエスカレーター方式」で徐々に昇っているものは、なんだと思いますか?

それは聞き手にとっての興奮、サスペンスなのです。それが徐々に高まっていくことで、聞き手の興味は長く持続し、最終的に解決したときには聞き手も心から安心し、共感し、そのストーリーの中に自分がいる当事者かのようにその話を聞けるのです。

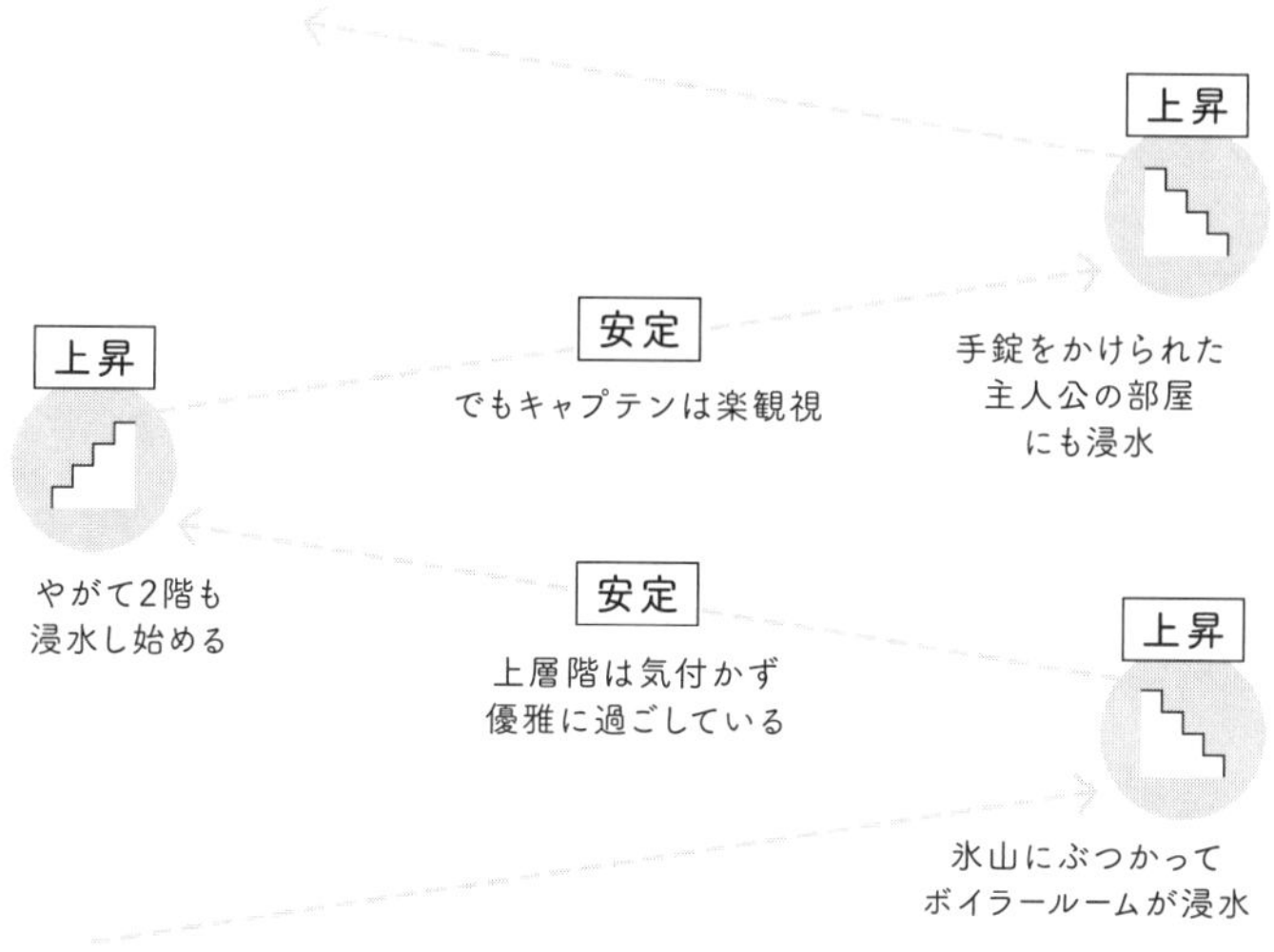

映画『タイタニック』に見る
「モールエスカレーター方式」のストーリー

人間は最初にパトスで心が動くと、「聴く心と耳」が開いて、前向きに聞いてみようという気になります。心の扉を開かせて、そこにロゴスな理由を持って来ると、なるほど、と納得します。ロゴスとパトスも交互にアピールしていくと、そこでもコントラストが出ます。

じつは**9段階構造も、自然とコントラストが出る仕掛けが仕組まれた構造**になっているのです。

ワンビッグメッセージを説明するメインポイントごとに、ストーリーを組み込んでいくのですが、流れをみると、このようになります。

「ポイントをまず主張する」（ロゴス）。

「その根拠としてストーリーで説得していく」（パトス）。

「そしてそのメインポイントがいかにワンビッグメッセージをサポートしているかを示す」（ロゴス）。

「2つ目のポイントがいかにワンポイントメッセージをサポートしているかを示す」（ロゴス）。

「2つ目のポイントを説明するストーリーで語る」（パトス）。

と、このように繰り返されます。


これが実際のプレゼン例では、どのように構成されているのか、188ページのREALトラベルの総合例をご覧ください。

9段階構造に従えば、すでにコントラストは組み込めるのです。

「プレゼンは情報のプレゼント」

そもそもプレゼンの役割はなんでしょうか。

現代はインターネットやモバイル技術など、コミュニケーション手段が多様になっていて情報伝達は容易にできます。

それなのに、なぜ生身の人間が特定の時間に特定の場所にわざわざ行って、話を聞く必要があるのでしょうか。

前述のようにGE社では常々こう社員に教えているそうです。

「Emotional first, rational second」（感情が先に来て、理性は二番目に来る）

つまり人間とは**感情が先に来て、つぎに理性で判断する**生き物なのです。

ビジネスではつい論理や事実などを前面に押し出し、理性に偏った訴求の仕方をしがちです。しかし頭と心の両方が動かなければ、聞き手はあなたのプレゼンを聞いても、どこか完全に納得できていない感覚に陥ることでしょう。

プレゼンとは聞き手に「情報のエンターテイメント」を「プレゼント」することなのです。

エンターテイメントといっても、何も歌ってみせたり踊ってみせたりするわけではありません。コメディアンになる必要もありません。

聞き手の心を揺り動かし、惹きつけ、彼らとつながること。それこそが、「エンターテイメント」です。

歌手は歌でエンターテイメントを提供しますが、**スピーカーやプレゼンターは「情報」でエンターテイメントする**のです。たいていのビジネスプレゼンはストーリーがないから、退屈なのです。

では情報をどのようにエンターテイメントに仕立てあげるのか？

ストーリーを作る構成を考えていきましょう。

ストーリーは三幕構成

ストーリーと聞くと、「むかしむかしあるところに」というイメージを持つかもしれませんね。

ここではビジネスプレゼンにおける「ストーリー」を、あえて「**コーポレートストーリー**」と呼ぶことにしましょう。

ビジネスの場では、「事例紹介」や「ケーススタディー」は頻繁に登場しますが、「ストーリー」、ましてや「コーポレートストーリー」が語られることは、まだまだ少ないのではないでしょうか。

ストーリーもコーポレートストーリーも、基本は同じなのですが、まずストーリーの基本となる構成についてお話ししましょう。

ストーリーはいずれの場合も三幕構成になっています。

まずは第一幕で、主な登場人物が出てきて、ストーリーの状況設定が行われます。

次の第二幕では、その状況に何らかの危機が訪れます。主役の登場人物は、さまざまな困難が降りかかりながらも、果敢に立ち向かい、危機的状況に変化をもたらします。

最後の第三幕では、その変化の結果得られた新たな状況が描写されます。

たとえば昔話の桃太郎のストーリーを思い出してみてください。

第一幕では、おじいさんとおばあさんが登場します。二人とも働き者で心優しい子どものいないおじいさんとおばあさんの元へ、ある時大きな桃がやってきて、中から元気な赤ちゃんが飛び出します。主役の桃太郎の登場です。

桃太郎はすくすくと立派な男の子に育ち、平和で幸せな状況が設定されます。それぞれの登場人物のキャラクター設定もしっかりと第一幕で描かれます。

第二幕では、おじいさんとおばあさんや村の人々が、鬼たちの乱暴にとても困っている、という危機的状況が発生します。

そこで桃太郎は、犬、サル、キジを連れて、鬼ヶ島に鬼退治にでかけ、強い鬼たちにやっつけられそうになりながらも、クライマックスで鬼たちを退治します。

第三幕では、村にまた平和が戻り、ハッピーエンドとなります。

ほとんどの昔話では、この三幕パターンが取られていることに気づくでしょう。

そして**第二幕に「コンフリクト＝問題、葛藤、危機的状況」を見せること**が、ストーリーをストーリーたらしめるのです。コンフリクトなくして、一幕と三幕だけだとしたら、なんらドラマが起こりません。

このコンフリクトは絶対に盛り込みたい要素ですが、ここでとまどう方もいるかもしれませんね。

「そんなドラマチックな事件が思いつかない」

「ドラマのような敵が存在しない」

「お話なんて作れない」

「クライアントに、コンフリクトなんて話せない」

そこで思い出して欲しいのが、第1章で学んだブレイクスルーメソッド「**4つのF**」です。

人間は失敗談にこそ共感するという法則です。ここでもう一度おさらいしてみると、4つのFとは以下の4点です。

Failure　　「失敗」
Frustration　「不満」
First　　「初めての体験」
Flaw　　「欠点」

これこそがコンフリクトの要因となるのです。

なにも荒唐無稽なストーリーを捻り出すのではなくて、実際に困難だったことをコンフリクトとして考えましょう。

どんなビジネスでもすべてがスムーズにいくわけはありません。素晴らしい商品を開発する途中で、様々な困難に直面したことでしょう。

そのようなコンフリクトからどのように脱出し、今に至るのか、そのプロセスを見せ、人の顔を見せることで、聞き手の心が惹きつけられるのです。そしてコンフリクトが高まるほどコントラストが生まれ、心が惹かれるわけです。「4つのF」から、ぜひコンフリクトを見つけてみましょう。

困難な状況をどうやって這い上がっていくか、チャレンジングな状況をどう説得してきたか、失敗をどう乗りこえたか。そういう人間ドラマを引き出していこうとすることです。たとえば、こんなストーリーがあるかもしれません。

「従来わが社の製品は市場1位をキープしていたのに、競合が出てきて5位まで落ちてしまいました。

そこでいろんな対策をこうじて、ある案を採用したのですが、それでも4位までしかあがりませんでした。

そこから新しい商品開発が行われましたが、技術面での困難がありました。開発に長引き、営業からも疑問視される声があがりました。

ですが、ついに新商品を開発、みごとに市場1位に返り咲いたのです」

テレビ番組の『プロフェッショナル　仕事の流儀』や『情熱大陸』を思い出してみてください。ドキュメンタリーとはいえ、よく構成を見れば、事実を追っているのではなくドラマに仕立てているからこそ、視聴者は感銘を受けるわけですよね。このような番組もやはり、「三幕構成」の手法が使われています。

あなたの仕事にもそれだけのドラマがちゃんと詰まっているのです。

どんなビジネスにも苦労とチャレンジとドラマがあります。あなただからこそ語れる体験があるのです。それを掘り起こしてストーリーにしてみましょう。

プレゼンでも営業でも、自分がそのドキュメンタリー番組の主人公になったつもりになってみてはどうでしょうか。あなたが主役の番組には、どんなコンフリクトが詰まっていて、どういう結末に至るでしょう。きっとそこにはストーリーがあるはずです。

「シナリオは夢見型と脅迫型」

ストーリーには、聞き手に夢を見させるシナリオと、聞き手の危機感を煽るシナリオがあります。

「このノブモト式養毛剤なら、薄毛で悩んでいた方でも、みるみるうちに新しい毛が生えるのです」

「わが社の第二本社が、この地域に建ったあかつきには、1万人の地域雇用が見込めるのです」

こうした聞き手に夢を見させるような、こうすればいい未来が待っているのだというのが、「**夢見型シナリオ**」です。これは宣伝文句では多く目にするものですよね。

反対に言葉のナイフを突きつけるように脅して、聞き手の恐怖を喚起する「**脅迫型シナリオ**」もあります。

「1日最低6時間の良い睡眠を取れていない人は、アルツハイマー症を引き起こす可能性が高くなるのです」

「ここで投資先を間違えると、将来貧困老人になる可能性が50％も上がるのです」

こういう危険な未来が待っているぞ、といって煽りたてる方式です。

よく週刊誌の見出しで「このままでは日本経済は崩壊」といった、やたらと危機感を煽るものを目にしますが、ようするに危機感を煽ると、人が興味を引きつけられやすいということでしょう。

そしてこの「夢見型」シナリオと「脅迫型」シナリオを混ぜることで、さらにコントラストを煽ることができます。

実際にコントラストを巧みに使ったサンプルとして、前述のシスコ前社長のチェンバース氏のスピーチを再び引用してみましょう。

共に協力し合えば、ネットワークの力で世界を、そして全てのビジネスを今の5倍～10倍へと変えることができるのです（**夢見型シナリオ**）。

そのためにはビジョンが大切です。

（……中略）

現在、多くの会社は失敗しています。10年後に生き残っている会社は現在の40％でしかないのです。なぜある会社は成功し、ある会社は失敗するのでしょうか？それは変化しないからです（**脅迫型シナリオ**）。

大胆に変革することが成功の秘訣です。変わることは勇気がいることです。しかし変わることで好転的加速を遂げることができます（**夢見型シナリオ**）。


こうやって夢見型シナリオと脅迫型シナリオを交互に出したあと、本題への移行をするという手法を使っています。

聞き手の心を上に下に揺さぶってみせる手腕は、さすが世界トップのスピーカーと感心せざるを得ません。

事例紹介からストーリーへ

ビジネスプレゼンでは、事例紹介をよく見かけます。この事例紹介をストーリーへ、さらにコーポレートストーリーへ、と進化させていくためにはどうしたらよいのでしょうか？

「コーポレートストーリー」をどう作っていくか、実例を挙げていきましょう。

本書の冒頭でも登場した、ある地方の食品機材メーカー中小企業M社のストーリーです。

まずは、よくありがちな、「事例紹介」として語る場合の例を挙げてみましょう。

《M社のケーススタディー》

背景：大豆商品を扱う中小企業M社が開発した新商品に類似商品が現れ、この類似商品を開発販売した大手N社に、市場シェアがどんどん取られてしまっているという状況に置かれた。

課題：大手N社のブランド認知度や幅広い販路に負けず、自社開発商品の売り上げを確実に伸ばし、市場シェアを回復することが課題である。

ソリューション：

M社独自の特許技術の特徴を、各顧客にも理解してもらえるよう、中小企業ならではの草の根営業活動を行う。また、特許侵害の訴訟を起こすことで、法的措置という側面からもN社と戦う。

結果：N社が自発的に商品を撤退。M社の市場シェアを回復した。

この事例紹介を聞いて「へえ、そうだったんだ」とは思っても、「心が惹かれる」という方は、あまりいらっしゃらないのではないでしょうか。

情報が単なる情報として伝えられているだけで、「情報のエンターテイメント」になっていません。

次に、このM社の事例を、一般的な「ストーリー」として仕上げたバージョンをお見せしましょう。前述した桃太郎方式です。

第一幕：M社は、若きアイデアマン社長、M氏が率いる、新商品開発が得意な食品機材メーカーで、市場でも常に良い地位を保っていました。

ある時、地場産業とも協力しあい、卓上でもたった10分で自家製豆腐が簡単に出来あがる、焼き物の器と、豆腐ができる国産大豆の豆乳と、にがりのセットを開発したのです。

市場からの反応は非常に良いものでした。地場産業にかかわる人々からも、地域経済に貢献していると、非常に称賛を受けていました。

第二幕：ところが、M社の新商品の売れ行きを見ていた大手食品企業のN社が、類似商品をあっという間に開発し、販売を始めたのです。

大手企業であるN社はブランド認知度もM社の比ではありません。

M社は特許侵害として訴訟を起こすと同時に、自社商品にしかなしえない特徴を顧客に地道に訴えかけながら関係強化を図り、顧客離れを回避することができました。

第三幕：その結果N社はいつの間にか同商品を撤退させることとなり、M社は着実に国内外で市場シェアを伸ばしていきました。

さて、このストーリーを聞いて、皆さんは何を感じたでしょうか。そしてどんな学びがあったでしょうか。またこのストーリーを聞いた後、何かをする気になったでしょうか？

「事例紹介」よりは情報のエンターテイメント性は上がっていて、はるかに興味を持って聞きやすい形にはなっていると思います。しかしそれでも、「へえ、そうだったんだ」で終わってしまいませんでしたか？

ふつうのストーリーであれば「そうだったんだ、良かった、良かった」で終わって十分満足します。

しかしビジネスの場でこのような反応を得ることは、成功と言えるでしょうか。そのもう一歩先まで見据えて、**聞き手から何らかの行動を引き出して初めて成功**と言えるのではないでしょうか。

ストーリーをコーポレートストーリーへとバージョンアップするためには、ストーリーではまだ足りない、3つの要素が組み込まれていなければいけません。

まず**ひとつ目は「明確なゴール」**です。

ビジネスプレゼンの際、最初に考えたいのは、「そのプレゼンの結果、相手から何を引き出したいか」というゴールを明確に設定することです。

それが設定されていてこそ、そのゴールを達成するためには、どんなストーリーをどのように伝えるべきなのかが決まってくるのです。

ふたつ目は「明確な学び」です。

そのストーリーから聞き手が得られる学びは何でしょうか？　聞き手にとってなんら

ベネフィットもないプレゼンなら、「ああそうなんだ」で終わってしまい、プレゼン後は忘れ去られてしまうことでしょう。

聞き手にとっての学びが引き出せなければ、ゴール達成も実現しえません。


そして**三つ目は「明確なネクストステップ」**です。

ゴールを達成し、聞き手から学びを引き出したなら、ゴールに沿った「次なるステップ」に確実につなげたいものです。

あなたのプレゼンを聞いたあと、聞き手は何をすればよいのでしょうか？　メルマガに登録してもらいたいのでしょうか。キーパーソンを紹介してもらいたいのでしょうか。あるいは既存の競合商品から自社商品へ買い替えてもらいたいのでしょうか。

明確なネクストステップが提示できて初めて、相手を動かすことができます。


コーポレートストーリーを語るには、周到な準備が必要です。

けれども箇条書きのような事例紹介では、聞き手の心を動かすことは難しいと、みなさんもお気づきなのではと思います。たとえ少し長く時間がかかったとしても、聞き手の心をつかみ、動かせるならば、その時間も惜しいものではないはずです。

ではM社の例を使って、さらに**「ストーリー」から「コーポレートストーリー」へと発展**させてみましょう。

ここで必要な3つの要素は下記のとおりです。

明確なゴール：類似商品に対抗するための秘訣を共有し、わが社のコンサル部門への信頼を高め、コンサルの依頼を受けること。

明確な学び：特許を事前に取得しておくことと、自社の差別化を際立たせた活動を行うという2点が大切。

明確なネクストステップ：わが社のコンサル部門と、初回ミーティングのアポを取ってもらう。

これらの3つの要素を念頭に置くと、こんなコーポレートストーリーが語れるのではないでしょうか。少し長いですが、一例としてご覧ください。

みなさんの会社に明日、大きな脅威が突如現れたら、すぐに戦い、勝ち抜ける体制は整っているでしょうか（**バーン！**）。

類似商品というのはある日、前触れもなく登場します。そして後から出てくる類似商品は通常、競合商品を研究していますので、皆さんの会社の先発の商品よりも優れているケースも多いでしょう。あるいは相手が巨大企業で、彼らに簡単につぶされそうになるかもしれません。

それは2年前にまさにわが社が経験したことです（**脅迫型シナリオ**）。

今日は皆さんに、我々が得た2つの学びをお持ち帰りいただき（**ロードマップ**）、「勝ち抜ける即戦略づくり」（**ワンビッグメッセージ11字**）のお手伝いをしたいと思います（**ビッグプロミス**）。

それまでM社は、大豆製品を中心とした新商品を1ヶ月に1つのペースでどんどん開発して勢いに乗っていました。

中でも、5年前に地場産業の焼き物メーカーと協力し合って開発した、たった10

分で自家製豆腐が簡単にできる、「10分豆腐」という卓上焼き物製蒸し器と、豆腐ができる豆乳とにがりのセットを開発・販売し、飲食サービス業界でも一般家庭でも人気を博していました。テレビからの取材も多く受けるようになってきた矢先のことです。**（第一幕）**

ある食品展示会にブース出展していたのですが、大手食品会社のN社の開発部長、N氏がうちのブースを訪ねました。ダブルボタンのダークスーツにオレンジのネクタイ、社交上手な洒落た紳士、というイメージの方でした。


「おたくの10分豆腐、大人気ですねえ！　素晴らしい」

「いえいえ、とんでもない、うちは中小ですから御社のようにはなかなか」

「美味しいですね、どんな材料を使っているんですか？」

「国産大豆100%、そして天然のにがり100%です」


こんな会話をしてから半年後のこと。ちょうど今から約2年前でした。いつものように、顧客先のスーパーを回っていると、わが社の「10分豆腐」の隣に、N社の「出来立て豆腐セット：国産大豆100％・天然にがり100％」という商品が並んでいるではないですか。**（第二幕の始まり）**

してやられた、と思いました。すぐにわが社のスタッフにリサーチをさせたところ、ほかのスーパーにも同商品が並んでいたということがわかりました。**（モールエスカレーター上昇）**

N社は大手食品企業です。消費者から見たら、無名のわが社よりも、N社ブランドを手に取りたいと思うに違いありません。規模もけた違いですから、わが社よりもはるかにコスト効率が良く、安い価格でも提供できることでしょう。営業力ももちろん優れています。

……勝ち目はないのか!?

悔しい思いを抑えながら私は、わが社のコンサルチームと弁護士を緊急招集し、対策を練ることにしました。

そして我々の最大の差別化は、わが社だからこそできる、大豆畑を所有し、大豆を育てるところから大豆の選別まで、人の手を使って手間暇かけて最高の素材を使用していることであると明確化し、さらに中小だからこそできる「人の顔が見える営業」、つまりわが社の理念や方針を1件1件の顧客に知ってもらう活動を一層強化することと討議しました。**（モールエスカレーター安定）**

またわが社の製法は特許も取得していたので、いざという時には武器としても使うことができるでしょう。

それから1ヶ月後の業界懇親会で、会場の中に、ダブルボタンのダークスーツを見つけました。私はN氏をめがけて行きました。

「おたくも豆乳出したんですね。うちの商品が少しは参考になりましたか？」

嫌味を言ったつもりでしたが、N氏は、

「とんでもない、おたくの商品は見たことも触ったこともありませんから。同じアイデアをお持ちだったとはこりゃ光栄です」

煮えくりかえるはらわたを抑えるのが大変でした。

「あの日あの時わたしの目の前で試食をしたじゃないか！」

と喉から出かかりましたが、この時、特許を武器に使うタイミングだ、と確信しました。このままでは本当につぶされるかもしれない。**（モールエスカレーター上昇）**

中小企業が大手企業に対して訴訟を起こすことは大変なことです。しかし早速弁護士を通して訴訟に持ち込みました。草の根営業も地道に続けました。（**モールエスカレーター安定**）

Ｎ社が、「出来立て豆腐セット」を市場から撤退することになった、という連絡を弁護士から受けたのは、その数ヶ月後のことでした。（**第三幕**）

この事件から我々は主に2つのことを学びました。

まず特許取得は会社を守るということ。グローバル展開を考えているなら、国際特許が必要でしょう。しかし特許申請は特殊な知識と経験が必要です。わが社は、自社コンサル部門と連携している特許専門弁護士がいたからこそ、スムーズに事が進んだのです。

2つ目の学びは、自社にしかない差別化を徹底的に際立たせることです。特許申請したからといってそれで安住してしまってはいけません。会社を守ることはできるかもしれませんが、会社の行方を本当に左右するのは、お客様たちの信頼です。それは人の顔が見えるお付き合いがどれだけできるかにかかっています。

ですから自社ならではの差別化要素を盾に、仕組みと人、この両面から、日々事業運営をしていくことが大切なのだと感じています。

みなさんの会社に明日、大きな脅威が突如現れたら、どうしますか？

わが社の経験と知識が、みなさんの「勝ち抜ける即戦略づくり」（**ワンビッグメッセージ11字**）に必ずお役に立てると思います。明日は我が身。アクションは今、取るべきです。わが社のコンサル部門ではいつでもコンサルテーションを行っています。

本日、ぜひ初回相談のアポを取ってみてはいかがでしょうか。


いかがでしょうか。事例紹介からコーポレートストーリーにすることで、聞き手にとっては興味を引かれ、わが身に置きかえて考えられる臨場感があり、共感することで次の行動に導かれやすくなるということが感じ取れるのではないかと思います。ストーリーの力はそれほど大きいのです。

「印象は7秒、おもしろさは30秒」

さてストーリーの力については実感されたかと思いますが、たとえ同じストーリーであっても人前で話すときには、オープニングとクロージング次第で、印象が激変します。

第一印象という言葉がありますよね。

最初にパッと目に入る表情、身なりなどが大きく印象を左右するわけですが、スピーチでは、**最初の7秒になにをいうかで決まります。**

マイナスに作用するのが、まわりくどい挨拶をすること。

スピーチに立つ時に、つい丁寧にしようと思って「このような名誉をいただきまして、まことに恐縮です」といった長たらしい挨拶をする人もいますが、これは聞き手をうんざりさせます。

英語では、Unpleasant pleasantry「**非礼なる礼儀**」といい、スピーチで避けるべきことです。

そして話が始まったところで、聞いている側は、**30秒で話がおもしろいか、おもしろくないかを判断する**とされています。

たった30秒です。ほとんどの話は、プレゼンだろうが、セールスだろうが、発表会だろうが、30秒内という短い時間で判断されてしまう。30秒内に相手を引きこむことができることが課題となるのです。

これを**7秒―30秒ルール**といいます。第一印象、第二印象ということもできます。最初の7秒が第一印象の勝負ポイントですが、第一印象がよくなくても、第二印象がよければ、聞き手は話に引きこまれます。

反対にいえば印象を強めるにはチャンスは2回しかない、ということです。

「7秒で惹きつけるオープニング」

たった7秒の間に相手を摑まなくてはならないオープニングでは、いかに、「この人の話をもっと聞きたい！」「次を聞きたい！」と思わせられるかに集中したいものです。

その基本の手法を4つご紹介しましょう。

(1)ストーリー

最もインパクトを出しやすいオープニングは、この「**いきなりストーリーで始める**」です。


私がセミナーを行う際にもよく使う手法です。もちろんセミナー講師としての信頼感が得られるように自己紹介も入れなければならないのですが、たとえばふつうに、

「おはようございます。信元夏代です。まず私のバックグラウンドについて説明させて

ください」

と話したとしても、受講者側は「上司に出ろといわれた研修だから来たけど」という気持ちから抜けきれないことでしょう。

その代わりに、私は次のような感じでオープンします。

「2014年3月のことでした。とある居酒屋で、私は御社の阿部社長と隣り合わせで座っていました。

ちょうど大学の年次総会が盛況に終わったあとで、気のおけないお喋りを交わしていたのですが、阿部さんが『そういえば何年もあなたを知っているけれど、仕事はなにをしているのかね？　ダンスをやっているのは知っているけれど』と尋ねていらしたのです」

と、ここでストーリーの中の会話として私のバックグラウンドを簡潔に話してしまいます。さらに社長とこうやって話ができる関係だということを、これまたストーリーの中でほのめかしていますので、講師の立場としての私の信頼性もそれとなくアピールしています。

その先のストーリーでは、なぜ社長が、私にこの研修を依頼しようと思ったか、その経緯や社長の意図、会社としての企業目標ゴールなども、さらっと「ストーリー」の一部として話をしてしまいます。

多くの参加者はきっと「ああ、仕事が忙しいのに。研修に参加している時間があれば仕事を片づけたいなあ」と思っているでしょうが、そんなむだな研修が、いきなり「うちの社長と居酒屋で隣り合わせ」というストーリーから始まったら、注目しますよね。

それだけストーリーは人を引きこむ力があるのです。

(2)パワフルな質問

参加者にむかって、**ハッとするようなパワフルな質問から始める**方法です。聞き手にしてみたら、直接問いかけられるので、思わず自問して、話に引きこまれやすくなります。たとえば新車試乗会の場と想定して、こんな質問はどうでしょうか？

「今あなたが乗っている車は、どんな存在ですか？　一緒にワクワクできる家族のような存在ですか？　それとも、単なる交通手段としてのツールに過ぎない存在でしょうか？（バーン！）

ワクワクできる車。それが我が社のフラッグシップであるＡＢＣ車です（ビッグプロミス）。

今日は皆さんに、ＡＢＣ車の３つのワクワクをお伝えし、実際にそれを体感していただきます！（ロードマップ）」

⑶驚きの事実

参加者にとっては、**あまり知られていないような事実や数字をあげて、興味を引く**方法です。たとえば「世界のパン消費量１位は、トルコです」といったような「へえ」な知識はテーマに合っていれば聞き手の関心を引きます。前述の新車試乗会であれば、こんな言い方ができるかもしれません。

「カーディーラーによると、試運転に訪れたお客様の約８割は、エンジンをかける前に、その車への満足度がすでに決まっている、といいます。何がそうさせるんでしょうか？

それはドアを閉める音の重厚感だそうです。ABC車は、五感をも満足させてくれる車なんです」

(4)引用

格言や著名人のいったフレーズ、あるいは詩などを引用するケースです。ここでは同じく車の例であげてみましょう。

「ABCモーターズの創始者はこう言いました。運転の仕方を見れば、乗っている人の性格がひと目でわかる、と」

ここで注意したいのは、**どのオープニング手法を使うのであれ、それがワンビッグメッセージにつながるもの**でなければならない、ということです。

インパクトを出すためだけに関係のない内容を冒頭に持って来るのでは、効果はありません。

「永く心に焼きつくクロージング」

そして締めとなるクロージングでは、いかに聞き手を次の段階へと動かせるか、に集中したいものです。

印象に残るコツとしては、オープニングにリンクさせること。もしオープニングをストーリーで始めたら、その共通の話を続ける。あるいは質問で始めたら同じような質問をしてみると、オープニングとクロージングがうまくリンクします。

最初と最後に同じことを繰り返すことで、聞き手の印象に残るわけです。

ここでは**基本の4つのクロージング手法**をご紹介します。

(1) **ストーリー**

これは最初に出したストーリーを思い返させるようにして、また使う手法です。

「あのアイリッシュバーで伺った阿部社長の熱いビジョンは、皆さんの想いと重なっています。それを実現できるのはほかでもない、皆さんなのです。営業のあなたです。開発のあなたです。マーケティングのあなたです」

(2)引用

オープニングと同じく格言や著名人のフレーズをあげるものですが、オープニングとリンクした形で引用するのもよい手法です。

「車は、単なる乗り物ではありません。自己表現ができる最大のツールなのです。ABCモーターズの創始者の言葉です。〝運転を見ればその人の人格がわかる〟。車をこよなく愛するあなたのための車が、ここにあります」

(3)行動喚起

聞き手を次の行動に導くようなクロージングです。たとえば実際に商品に触れてもらう、サインする、会員になるといった次の行動に促します。

「まずは今日、ここでテストドライブしてみてください。車と一体となって走る喜びをぜひとも感じてみてください」

(4)質問

オープニングのパワフルな質問のように、クロージングにも聞き手の心に刺さる質問をするクロージング手法です。たとえば、こんな言い方もできますね。

「あなたは明日も、単なる交通手段としての代わり映えのない車を運転しますか。それとも、自己表現ツールの車でワクワクな毎日を送りますか？」

このクロージングでも、どの手法を使うのであれ、ワンビッグメッセージを強調するものでなければいけません。

さて、この第4章までで、スピーチ／プレゼンの構成の仕方、そしてストーリーの組み立て方がわかったかと思います。

実際のプレゼンでは、9段階構造がどう生かされているのか、ストーリーがどう組み入れられているのか、コンサルティングの依頼を受けた起業家の方の実例をもとにした総合例を見てみましょう。次ページからのGPSシートの記入の仕方とそこから作成したプレゼン例も参考にしてみてください。

ここまで習得したあなたなら、プレゼン原稿の裏にある構造が、きっともう見てとれるはずです！

なお、紙幅の関係で掲載できなかった「1枚にまとめたGPSシートの記入例」と「書き込んで使えるフォーマット」のPDFは次のURLからダウンロードできます。GPSシートの記入の練習やあなたのプレゼンにぜひ役立ててください。

書籍購入特典：GPSシート
https://btspeaking.com/20words

GPSシート	
STEP.1 WHY? なぜ伝えるのか	
AUDIENCE 聴衆は誰か、何を考え求めているか?	SNSを通して世界の人と繋がることが日常。世界中に、共通の興味や趣味を持つ友達の輪を広げ、旅先のローカルの人たちとも繋がって、ローカルだからこそ知るディープな体験かつ低コスト一人旅をデザインしたいが、沢山のリサーチが必要で、時間も労力もかかり、大変。また、普通のSNSでローカルの友達を探すと、デート目的や詐欺かと思われ警戒されることもあり、なかなか難しい。純粋にローカル人と繋がり世界を広げ、ディープでユニークな旅を手軽にしたい。
WHAT'S IN IT FOR THEM どんな価値が得られるのか?	FacebookとAirbnbとYouTubeとUberとレストラン予約サイトと旅行予約サイトが一つになったような、旅のすべてを1ヶ所で設計できるワンストップショップである利便性、かつ、バックグラウンドチェックでメンバーをプレスクリーニングする会員制サイトである安心と信頼、そして各自ユニークなトラベルビデオを制作・配信し収入にも繋げられる簡単副業。
WHY YOU? なぜあなたなのか?	自分自身がまさに、自分の旅スタイルで世界を一人旅し、情報収集に大変苦労してきた。独自に数多くのサイトを研究し、駆使して安いパッケージを探しあて、現地に友人を作り、ガイドに乗っていないところに連れて行ってもらい、ビデオ制作し、それを共有し、さらに友人のネットワークも広げてきた。方策を知り尽くし、試し尽くした自分だからこそ、同様のニーズを持つトラベラーたちが求めるコンテンツと機能を兼ね備えた、旅づくりサイトを構築することができる。
P.A.I.N.T. このスピーチの目的は?	Action(行動)。 熱烈賛同者を募り、クラウドファンディングで投資してもらう。

GPSシート

STEP.2　WHAT? 何を伝えるのか

ONE BIG MESSAGE 伝えたいたった一つのメッセージ	自分らしく広げる、広がる、REALな旅（17字）
MAIN POINTS そのメッセージをサポートするポイントは？	01. Connect: 自分の興味と合う人たちと、安心してリアルにつながり、世界にネットワークを広げる
	02. Design：自分スタイルの旅のすべてを1ヶ所でデザイン、旅の可能性を自ら広げる
	03. Experience：リアルな体験を動画で伝え、まだ見ぬ人とのつながり、そして収入も広がる

So What? →　　Why So? ⇒

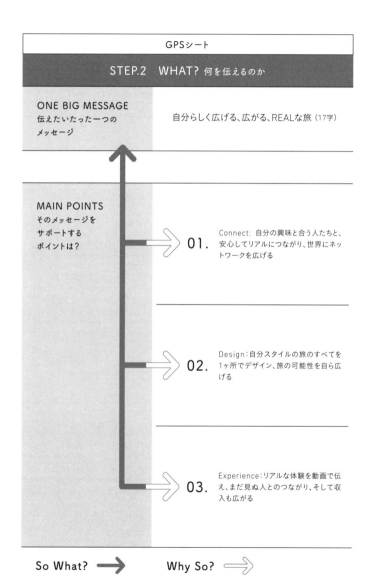

GPSシート

STEP.3　HOW? どう伝えるのか

min

印象に残るオープニング

バーン！／驚きの事実：一人旅人口は
世界中で急増している

ビッグプロミス／自分らしい唯一無二の一人旅を
簡単に実現し、可能性がどんどん広がります

ロードマップ／自分らしい旅を実現する3つの
ステップ、"CDE" (Connect, Design, Experience)

次ポイントへの移行

自分らしい旅づくり実現の大きな問題1.
その人、本当に信頼できる？

min

メインポイント①

メインポイント①／Connect：自分の興味と合う
人たちと、安心してリアルにつながり、
世界にネットワークを広げる

具体例・ストーリー／3年前の夏、台湾旅行を計画中、「ディープな台湾を案内してくれるローカルの人」と繋がろうとFacebookからコンタクトしたが、最初の8人からは返事なし、9人目からはスパムレポートしますよと連絡あり。ようやく10人目の人と繋がった。この経験から、SNSの最大の欠点は、相手が信頼できるか分からないことであり、ここに障壁を作らないといけない、と考えた。バックグラウンドチェックの会社のシステムを導入し、審査に通った人だけが会員になれ、その人の趣味嗜好から様々なバックグラウンドまで知ることができる、リアルな人たちとのつながりを作る。

次ポイントへの移行

自分らしい旅づくり実現の大きな問題2.
手間暇かかる！

min

メインポイント②

メインポイント②／Design：自分スタイルの旅の
すべてを1ヶ所でデザイン、旅の可能性を自ら広げる

具体例・ストーリー／自分の興味に基づいた現地での複数のアクティビティーごとに、信頼できるローカル案内人を探すのは一苦労。ある程度は自分でもレストランやバーなどあたりをつけたい。宿の評判なども自分で調べたい。台湾旅行計画中に探したサイトや本・雑誌は30種類以上、中には中国語オンリーで、情報が読めないものもたくさんあり、世界旅行では、自分の言語で事前に取れる情報が非常に限られている、と気づいた。

次ポイントへの移行

自分らしい旅づくり実現の大きな問題3.
自分が実現したリアルな体験を共有したいし、
ほかの人のリアルな体験も知りたい！
でもSNSでの情報発信は埋もれやすく、
情報が欲しい人に欲しい時に的確に届かない。

□ min	**メインポイント③**	メインポイント③／Experience：リアルな体験を動画で伝え、まだ見ぬ人とのつながり、そして収入も広がる
		具体例・ストーリー／自分の趣味は、訪れた各地で独自ビデオを制作してYouTubeで発信すること。台湾旅行でのディープなローカルバーでのビデオは特に視聴回数が多く、3日で1000件を上回った。小遣い程度の収入も入った。しかし視聴者の多くは、特に台湾旅行に興味を持っているとは限らず、自分の家族や友人、その友人、そして旅行者ではなく台湾在住者なども多かった。旅行目的地ごとに、情報を求めている人たちの目にタイムリーに留まってくれたら、彼らも疑似体験ができる。View数が上がれば副業収入も上がり一石二鳥。
□ min	**終わりへの準備・移行**	終わりが近づくシグナル／旅行計画に奔走したおかげで台湾旅行は素晴らしかった。でも実はこんな苦労を毎回している。この毎度毎度の苦労を何かに役立てたい！　皆さんも、自分らしい旅行を毎回簡単に組み立てられたらどんなに旅行の可能性が広がるでしょうか！　C-Connect, D-Design, E-Experienceの3つのステップで、それが簡単に実現できるのです。
		Q&A
		クロージングへの移行／CDEの3つのステップで、自分らしく広げるREALな旅は、実はこのままでは実現しません。自分の旅の可能性をいち早く広げたい皆さんのアクションがあってはじめて実現します。そのアクションとは、ほんの小さなたったひと手間。クラウドファンディングへの参加です。期日までに資金が集まれば、今度の夏までには、皆さんの旅が実現します。
□ min	**印象に残るクロージング**	自分で広げる。だから広がる。自分らしさを最優先するから、自分から動いて広げていくあなただからこそ、クラファンに参加して、広げ、夏までに実現しましょう！　自分らしく広がり、広げるREALな旅。

トラベルSNSサイト「REALトラベル」のクラウドファンディング向けプレゼン例

ニューヨークタイムズ紙によると、一人旅をしてみたいと考える人は、旅行人口の半分以上いるそうです。**（バーン！　驚きの事実、7秒）**

過去2年間で、一人旅人口は、旅行人口全体の16％から37％へと、2倍以上に急増、さらに一人旅を体験したことのない人たちのうち、17％は、試してみたい、と言っています。合わせて54％、つまり、あなた自身、あるいは今隣に座っている人が、一人旅をしてみたい、と考えている、ということになります。**（30秒）**

彼らが最も求めているのは何だと思いますか？

それは、「今まで体験したことのない新しいこと」なのだそうです。

たとえば、ガイドブックに載っていない地元のバー。現地の人しか知らない秘境探索。知る人ぞ知る、ニッチなテーマ型パーティー。自分だけの、唯一無二の一人旅をデザインしたいという需要が高まっているのです。

でも現実はどうでしょうか。この半数以上の人たちが求める需要を手軽に満たしてくれるサービスは、存在しません。私自身、情報探しに大変苦労した一人です。**（理想の需要と現実のコントラスト）**だからこそ、自分の経験を生かしてこのギャップを解決したい、そんな切実な思いで生まれたのが、REALトラベルです。

我々REALトラベルは、自分らしい唯一無二の一人旅を簡単に実現し、可能性を自ら広げ、自らの範囲を超えてどんどん広がっていくのをお手伝いします。**（ビッグプロミス）**

ではどうやって、「自分らしく広げる、広がる、REALな旅」**（ワンビッグメッセージ17字）**を実現するのか？　3つの簡単ステップ、〃C-D-E〃、Connect、Design、Experience です。**（ロードマップ）**

3年前に私が台湾一人旅を計画していた時のことなのですが、現地の人たちとコネクトしたいと思ったものの、大きな問題がいくつか発生しました。**（移行・ストーリーの始まり）**

最大の問題は、現地でのコネクションづくりにありました。一人旅ですし、ガイドブックには載っていないようなリアルな体験をしたかったので、「ディープな台湾を案内してくれませんか」と、Facebookから友達申請をしてみたのです。（**ストーリー第一幕**）

ところが最初の7人は完全無視、8人目は友達申請こそ承認してくれたものの、特に返事はなし、そして9人目からは、なんとスパムレポートしますよと連絡が来ました。デート目的や詐欺だと思われたようです。

10人目にコンタクトした人がようやく快い返事をしてくれたものの、この時、SNSの最大の長所である、友達ネットワークづくりの仕組みが、最大の欠点になっている、と気が付きました。相手が信頼できる人物なのかどうか、わからないからです。

私は、REALトラベルのサービス利用者には、SNSの長所も生かしながらも、ある障壁を設けて信頼性を高めないといけないと考えました。（**ストーリー第二幕**）

そこで、バックグラウンドチェックの会社のシステムを導入し、審査が通った人だけが会員になれる仕組みを取り入れ、そして、信頼のおける結婚相談所のように、相手の趣味嗜好がよくわかるプロフィールを公開することを条件としました。このシステムにより、自分の興味と合う人たちと、安心してリアルにつながり、世界にネットワークを広げることができるのです。（**ストーリー第三幕**）

これが、「自分らしく広げる、広がる、REALな旅」（**ワンビッグメッセージ17字**）実現のステップ1、Connectです。（**メインポイント1**）

問題はこれだけではありませんでした。（**移行**）

旅行先現地で、共通の興味や趣味を持つ友達ともつながって輪を広げ、限られた予算でも、ローカルだからこそ知る特別な体験をしたいと思いました。私は元ボクサーで、今は映画のスタントマンをやっています。なので、体を動かすアドベンチャーや、映画のロケで使われたバーなども行ってみたい。見かけによらず小動物が好きで、野生のウサギと戯れる場所もどこかにあると聞き、行ってみたいと思いました。（**ストーリー第一幕**）

でもそれらを調べ上げるにはあまりにも沢山のリサーチが必要で、時間も労力もかかり、大変でした。私が読み漁ったサイトや本・雑誌は、30種類以上、中には中国語しかなく、情報が読めないモノもたくさんありました。これは台湾旅行に限らず、ほかの国に旅行した時も同じでした。世界旅行するには、自分の言語で事前に取れる情報が非常に限られていると感じました。

自分スタイルの旅のすべてを1ヶ所のリソースから、障害なく情報入手でき、旅を自在にデザインできたら、旅の可能性がどんなに広がることか！（**ストーリー第二幕**）

そう考え、REALトラベルでは、「自分らしく広げる、広がる、REALな旅」（**ワンビッグメッセージ17字**）をテーマにするからこそ、ワンストップショップにこだわりました。（**ストーリー第三幕**）

自分スタイルの旅のすべてを1ヶ所でデザインし、旅の可能性を自ら広げることを可能にしているのです。（**メインポイント2**）

こうして自分スタイルの旅が実現できると、旅の可能性をさらに自ら広げたくなるものです。（**移行**）

私は訪れた各地で独自ビデオを制作してYouTubeで発信することを楽しみにしています。台湾旅行でのディープなローカルバーでのビデオは特に視聴回数が多く、3日で1000件を上回りました。小遣い程度の収入も入りました。（**ストーリー**

第一幕）

でもふたを開けてみると、視聴者の多くは、特に台湾旅行に興味を持っていると は限らず、自分の家族や友人、その友人、そして旅行者ではなく台湾在住者なども 多かったのが現状です。

旅行目的地ごとに、情報を求めている人たちの目にタイムリーに留まってくれた ら、彼らも疑似体験ができ、もっと輪が広がる。視聴数が上がれば副業収入も上が り、ビジネスの可能性まで広げられる。**（ストーリー第二幕）**

REALトラベルでは、旅の楽しみをさらに自分らしく広げ、さらにREAL な旅が多方面に広がっていくように、各会員のリアルな体験を動画で伝えるページ を会員ページに設け、まだ見ぬ人とのつながり、そして副収入も広がる仕組みを整 えています。**（ストーリー第三幕）（メインポイント3）**

旅行計画に奔走したおかげで台湾旅行は素晴らしいものになりました。でも実は こんな苦労を毎回してきました。でもこの毎度毎度の苦労を何かに役立てたい！ そんな思いでREALトラベルを立ち上げました。皆さんも、自分らしい旅行を 毎回簡単に組み立てられたらどんなに旅行の可能性が広がるでしょうか！

C-Connect, D-Design, E-Experience の3つのステップで、それが簡単に実現できるのです。（**クロージングへの移行**）

でも実はこのままでは実現しません。自分の旅の可能性をいち早く広げたい皆さんのアクションがあってはじめて実現します。そのアクションとは、ほんの小さなたったひと手間。クラウドファンディングへの参加です。期日までに資金が集まれば、今度の夏までには、皆さんの旅が実現するのです。（**クロージングへの最終移行**）

自分で広げる。だから広がる。自分らしさを最優先するから、自分から動いて広げていくあなただからこそ、クラファンに参加して、広げ、夏までに実現しましょう！　自分らしく広がり、広げるＲＥＡＬな旅を。（**クロージング……行動喚起**）

第5章

プレゼンの出来を左右するデリバリー

「聞き手はカボチャではない」

さて、ここまでの章でスピーチ／プレゼン原稿の作りかたはマスターされたかと思います。つぎはいよいよ実践編です。

せっかく構成を考えて、言葉を絞り込み、20字のワンビッグメッセージを固めたところで、生身の人間が人前で話すかぎり、その「話し方」で伝わり方はまったく違ってきます。

情報だけなら本を読めば十分です。が、生身の人間が出てきて話すのですから、そこには見ても聴いても共感できるものが欲しいところです。

大事なワンビッグメッセージを、より聞き手の心と頭に伝えるためには「話し方」も重要になってきます。

英語では「**Delivery**（**デリバリー**）」といいますが、この章では「話し方」について磨いていきましょう。

　ブレイクスルーメソッドの多くの部分は、スピーチやプレゼン以外の文章作りにも応用できるかと思います。

　たとえばストーリー作りの構成は、小説や脚本でも共通するものでしょうし、またメインポイントの作りかたは宣伝文や説明文でも同じように大切な部分でしょう。

　しかしながらスピーチ／プレゼンの最大の特徴は、聴衆が一度だけ、そして耳からしか聞かないことです。

　長たらしい言い回しでは、情報が聞き手の頭に残りません。

　スピーチ／プレゼンでは、簡単・簡潔・簡明のＫＩＳＳの法則が重要となり、読み言葉ではなくて、話し言葉を使う必要もあります。

　スピーチ／プレゼン作りでは、この「耳から聞く」ということをくれぐれもお忘れなく。


「人前で話すのは得意じゃないんです」

「大勢の前で話すと、あがってしまうんです」

そういう苦手意識がある方も多いのではないでしょうか。そういう悩みの解決法で、よくいわれるアドバイスが、

「聞き手をカボチャと思え。そうすればあがらない」

というセリフですよね。

しかしながらこれはスピーチ／プレゼンでは絶対にしてはならないことなのです。なぜなら相手がモノであれば、あなたが一方的に語りかけているだけになるからです。カボチャだと思ってしまうと、自分の世界にこもって、なにも聞き手に伝わらなくなるのです。

相手とつながって感情をキャッチボールしながら、相手の心と頭を動かすというのがスピーチ／プレゼンの要です。カボチャが相手では動いてくれません。

スピーチ／プレゼンでは、一番大事なのが、聞き手と感情のキャッチボールをすることなのです。

聞き手とつながりやすくなるために、次のポイントを心がけましょう。

(1)話し手と聞き手の間に「境目」を作らないこと

聞き手と自分との空間をなるべくふさがないようにしましょう。
テーブル、演台など、物理的にブロックするものがあると、聞き手との間に境界線ができてしまうのです。なにもふさいでいるものがない状態にしたほうが、聞き手との距離が縮まります。

演台の後ろに立ったまま動かないことも避けたいこと。マイクを取って動ける状態だったら、ぜひ動いて、演台の前に出てみましょう。

演台から動けないパターンの場合であっても、演台の横に出てきて話すと、聞き手とつながりやすくなります。

また手を前で組んでいたり、腕をクロスしたり、ポケットに手を入れていたりというしぐさは「クローズド」な姿勢で、避けたいものです。腕組みをされると、相手が警戒心を抱いているような印象を受けますよね。

クローズドな姿勢は自己防衛的な印象を与え、心を開いて聞き手とつながろう、という意図が見えなくなってしまいます。ですから**ボディーランゲージも「オープン」を心がけましょう。**

姿勢も聴衆にむかってオープンに開いていると、聞き手にとってつながりやすくなります。聞き手にむかって両手を広げるような仕草、あるいはウェルカムを示すような姿勢だと、聞き手とつながりやすくなるので、ぜひ意識してみましょう。

(2)目線をスキャンしてストップする

大勢の前のスピーチでは、「みんなの視線が自分に注がれている」と思うと、緊張してしまうものです。

でもこれがもし相手がよく知っている友達であれば、相手にどう思われるだろうと不安になったり、失敗したらどうしようと緊張したりすることなく、自然体で話せるはずです。

そんなふうに大勢の前でも友達の前であるのと同じように、心がつながるコツは、じつは目線にあります。

聞き手のひとりと目を合わせてみてください。

目線を合わせると、この人と話しているんだと思うことができるし、相手も自分に話しかけてくれているのだと感じます。自分に話してくれていると思うと、思わず聞き手もうなずいたり、熱心に聞いたりするものです。

どんなスピーチでも、聞き手に「**この人は私に個人的に話しかけてくれている**」と感**じさせることが大切**です。

聞き手の人数が多くなればなるほど難しい、と感じるかもしれませんが、テクニックしだいで解決できます。

それが「**スキャン＆ストップ**」という手法です。これは人数が多くなるほど使える技術です。

まず会場全体をスキャンして見わたし、話を進めながら、重要ポイントを述べるときに、誰かのところで目線をストップします。ポイントを述べ終わるまで目線はそこに固定します。

そしてそのポイントを述べ終わったら、また広範囲に目線をスキャンさせ、次のポイントではまた別の人のところで目線を止める、という手法です。

ストップする時は、反応がいい人に目線を合わせましょう。

聴衆をスキャンして見わたしていたら、反応のいい人もいれば、無表情で聞いている人もいるのがわかりますよね。そうしたら反応のいい人、熱心に聞いてくれている人に目線を合わせるのです。

スキャンするときにも、前列の目が届く範囲内だけにならないよう、**後ろの端のほうまで目線を満遍なく配ることができるよう配慮しましょう。**

会場が大きい場合は、会場全体を4分割（右前、左前、右後ろ、左後ろ）し、その4ヶ所をぐるりと見渡していくとよいでしょう。

反応がいい人と目を合わせると、その反応のよさが周りにも伝染していくという効果もあります。

会議やセールスの場ではどうかというと、重要なポイントでは、その案件の**意思決定者に目を合わせる**と効果的です。

とはいえ意思決定者があなたの企画に否定的な態度ということもあり得ますよね。そうしたら肯定的に見ている、つぎに重要な人に目を合わせましょう。

前述の通り、反応のよい人にストップして目を合わせることで、その肯定的な雰囲気が周りにも伝わるという効果もあります。

面接でも相手に目を合わせることは重要です。

5人くらい面接官がいるときは、いる人たちをスキャンして、面接官のなかでも反応がいい人に、重要な箇所はストップして話しかけると、心がつながりやすいでしょう。

また面接官が質問してくれたら、最初は質問者に目線をむけて話し、そこからスキャンして他の人たちとも一人ずつ目を合わせ、最後はまたその質問した人に戻って目を合わせるのがお勧めです。

どの人のことも完全無視をしないこと、これを忘れないようにしましょう。

(3)話し言葉で語りかけよう

スピーチの原稿はたいてい最初のうちは「書き言葉」になっています。しかしながらそれでは聞き手には硬い印象を与えてしまいます。

さて、ここで考えて欲しいのですが、今の「しかしながら」という文章はどうでしょうか。

書き言葉では「しかしながら」は自然ですが、話し言葉だとしたら、「でも」のほうが自然ですよね。

そのように友人と会話をしている口調を意識しながら、**書き言葉から話し言葉に転換**しましょう。もしそれが原稿執筆時点でどうしても難しい場合は、まずはコンピューターから離れ、お手持ちのスマートフォンやレコーダーを取り出しましょう。録音しながら、自分の言いたいことを自分の言葉で語ってみるのです。

スマートフォンなら、声から文字起こしをしてくれるアプリなどもありますので、そのような機能も活用すると良いでしょう。そうすると、自分が最も自然に話している口調をとらえることができます。その口調を原稿に取り入れていきましょう。

生身の人間が出てきてプレゼンをするということは、話し手と聞き手の間に感情のキャッチボールがあって成りたつものです。

たんに原稿を読んでいるだけでは、聞き手は「ふーん」で終わってしまうし、生身の人間がプレゼンする意味がありません。

相手と心をつなげようとするために、自分の言葉で語る際には、書き言葉ではなく、ふだんの話し言葉であることが大事です。

聞き手とコネクトするためには、聴衆が何十人、何百人いたとしても、聞き手に「私にだけ話しかけてくれている」と感じさせること。

そのためには、たった一人に話しかけるような言葉のチョイスをすることがコツです。

何百人に向かって話す場合でも、廊下で誰かとすれ違ったときにその人に話しかけるような言葉のチョイスで「会話」をすることで、その何百人全員が、「私だけに話しかけてくれている」と感じることができます。

廊下で誰かとすれ違った時、その人に話しかけているように話し言葉になっているか、それをチェックすることを「**廊下テスト**」と私は呼んでいます。

たとえば次のふたつを比べてみましょう。

「長崎に行ったことがある方はいらっしゃいますか？」

廊下ですれ違った人にこんな尋ね方はしませんよね？

そうではなく、

「長崎に行ったことがありますか？」

と尋ねるほうが、個人に向けられる言葉になりますよね。

「廊下テスト」にかけてみると、大勢に話しかけている言葉になっているか、ひとりに話しかけている言葉遣いになっているか判明します。

そうはいっても聞き手は大勢いるのだが、とお思いかもしれませんね？　そんな時こそ、「スキャン&ストップ」です。スキャンしながらも、**ひとりに話しかけている言葉遣いをする**と、そこにいる全員が、「私だけに話しかけてくれている」という感覚が得られるのです。

そういえば先日コーチングした日本人の方にもこんな方がいらっしゃいました。

「皆さんは、皆さんの夢は叶わないかもしれない、とあきらめてしまったことがありませんか？」

これを「廊下テスト」にかけてみましょう。

一人の人とすれ違ったときにこの質問をしたい場合、どのように言い換えられるでしょうか？

「あなたは、自分の夢は叶わないかもしれない、とあきらめてしまったことがありませんか？」

たしかに単数形になりましたが、日本語の場合、普通の会話では主語が省略されることが多いですよね？

はたして「あなたは」と会話を始めることはどれくらいあるでしょうか？

そう尋ねたら、この方は、「あ、ほとんどないですね」と気づかれました。

つまり日本語でいうと、

「自分の夢は叶わないかもしれない、とあきらめてしまったことはありませんか？」

という言い方が自然になるのです。

「書き言葉」ではなく「話し言葉」、その中でも、「一人だけに話しかける会話調」を心がけるため、ぜひ「廊下テスト」をしながら言葉を選んでいきましょう。

そうすると聞き手が何人いても、一人ずつの心に響くデリバリーができるようになります。

「同じ言葉でも伝わり方は違う」

コミュニケーションでよくいわれる**メラビアンの法則**というのがあります。

これはアルバート・メラビアン博士が行った実験で、感情や態度について矛盾したメッセージが発せられたときの人の受けとめ方について調べた結果です。

それによると、話の内容などの言語情報が7%、口調や話の早さなどの聴覚情報が38%、見た目などの視覚情報が55%の割合だったとされています。

つまり人間のコミュニケーションでは、**顔の表情や視線、身振り、姿勢といった非言語のコミュニケーションが重要な役割を担っている**ということです。

言い方によって伝わり方が違うというのは、誰もが思い当たることでしょう。

たとえば「さすが田中さんのアイデアはいいですね」というセリフを、棒読みでいったとしたら、あきらかにイヤミになってしまいますよね。

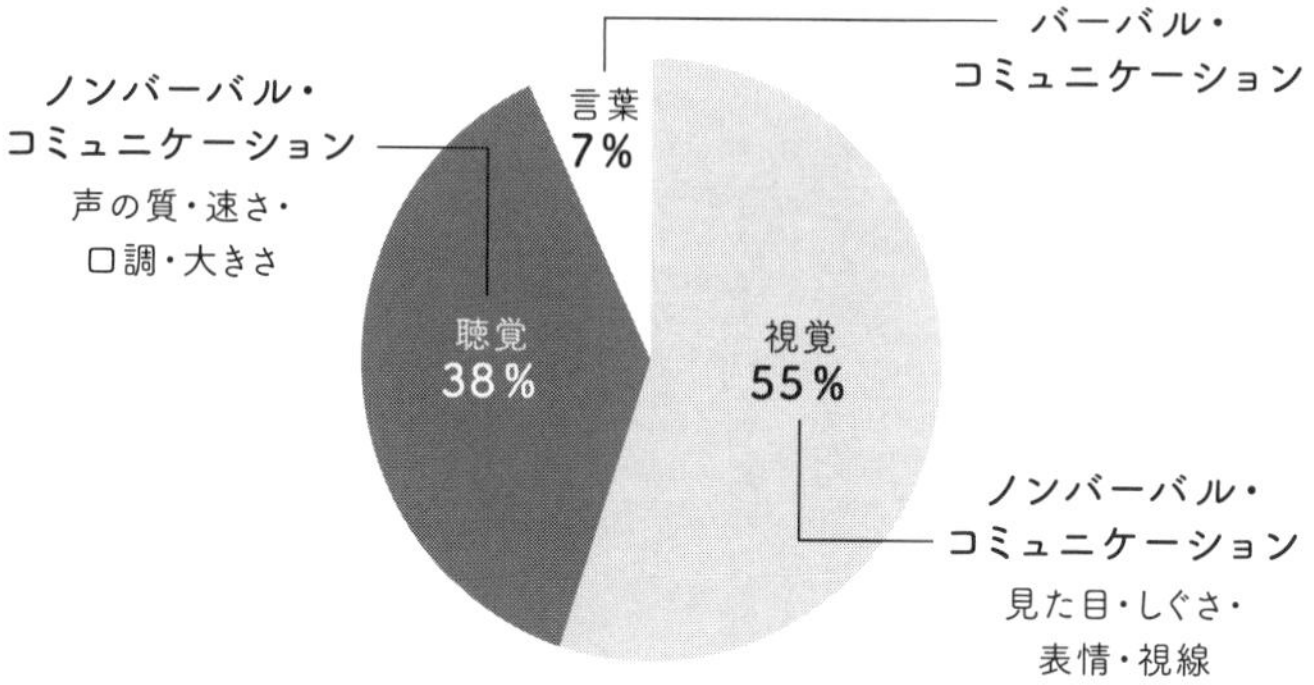

内容がしっかりしているからこそ、
ノンバーバル・コミュニケーションの説得力が増す
自分が聞き手の立場になったときは、態度やトーンに惑わされず、
内容の適切さを判断する

メラビアンの法則
印象を形づくるときに何がどの程度影響しているかを表した法則

「そのネクタイ、ステキですね」

というセリフでも、もし薄ら笑いを浮かべて小バカにしたようにいったら、相手は不愉快に感じるに違いありません。ポジティブに口にしてこそ、初めて褒め言葉として通じるわけです。

もちろんふだんは誰でも自然に非言語コミュニケーションをこなしているわけですが、スピーチとなると、知らず知らずの間にいっていることと、表現がずれていることがあります。

ことに日本人の場合は欧米人ほど、表情豊かに身振り手振りを交えて感情表現をする文化ではないために、「伝わらない」、あるいは「情緒アピールが足らない」デリバリーになりがちです。

たとえば、「本日はこちらの会でお話しさせていただける機会をいただきまして大変嬉しく思っております」というセリフをよく聞きます。前述の7秒―30秒ルールの観点からもNGなのですが、このセリフを心から嬉しそうに言っているスピーカーを見たことがあるでしょうか？

たいていの場合は棒読み口調でこのセリフが語られます。そうすると当然、「社交辞令で言っているな」という印象になるわけです。しかも、第一印象をつけやすい冒頭から！　よほどのパーソナルな理由があって本当に嬉しいという感情が込められないのなら、このようなセリフは排除してしまった方が良いでしょう。

私がこのことを徹底的に習ったのは、前述したジャニスに個人レッスンを受けた時でした。

たとえば私が原稿のなかで、「その時、私は驚いたのです」と口にした時に、

「ナツヨ、ちょっと待って。あなたは驚いたといっているけれど、まるっきり驚いているように聞こえないわよ。その時、本当にすごく驚いたのなら、感情を込めていわなくては伝わらないわ」

と表現について指導されました。

自分では伝えているつもりでも、聴衆にとっては伝わっていないことは多々あります。単語単位で感情を込め、声にも表情をつけるように心がけましょう。

生身の人間が伝えるからこそ、ジェスチャーや声の調子、顔の表情、アイコンタクト、熱意などから、無意識のうちに感じとったこうした手がかりが、聴衆の理解度や感動を左右するのです。

こうした非言語な部分にこそ、聞き手の心をつかむマジックが潜んでいます。

「**非言語のマジック**」を最大限に生かしていきたいものです。

「ジョブズが使った一枚の封筒」

2008年、スティーブ・ジョブズは伝説に残るプレゼンをしました。茶封筒を持って登場して、そこからノートパソコンを取りだしてみせたのです。MacBook Airの発表でした。キャッチコピーは、「The World's Thinnest Notebook（4語）」。日本語に訳すと、「世界で最も薄いノートブック（13字）」。

これを「わずか4ミリ」という説明にとどめず、封筒に入れて見せたことで、観客をあっといわせ、商品の薄さの具体性を増し、受け手にとっての実感を増してみせたのです。

このように相手にとって身近に感じられる例にたとえて実際に見せる、あるいは頭に具体的に思い浮かぶように語ることで、たちまち**商品が「他人事」から「自分事」**になります。

そのノートパソコンがどれだけ薄くて軽いか、あたかも手に取ってみたように感じられたでしょう。

たとえば、

「広大な敷地」というより「東京ドーム5個分の広さの敷地」

「長距離」というより「東京タワーを〇本分積み上げたのと同じ長さ」

「10分で絶大なカロリー燃焼」というより「1時間ぶっ続けで縄跳びを飛び続けるのと同じカロリー消費量」

といった方が、具体性がグンと上がりますよね？　具体性が増し、身近に感じられるほど、説得力も増し、より一層伝わりやすくなるのです。

こうした演出はプレゼンやスピーチを劇的に印象づけてくれます。

最大の敵は「無変化」

一般論として、**人の集中力が続くのは10分くらい**が目安だといわれています。

つまり10分以上、同じ調子の話を聞いたり、代わり映えのないステージを見ていると、飽きてきたり、眠くなってきたりするわけです。

これは授業や会議の時に経験したことがある、おなじみの現象ですよね。

スピーチ／プレゼンにおいては、最大の敵は「無変化」、つまり何の変化も起こらない、ということです。

10分以上、同じ調子が続いてしまったり、動きがなかったりすれば、急速に相手の注意は離れていきます。

ですから、長いプレゼンの場合は、**10分を目安に変化をつけること**を心がけましょう。

たとえば、10分くらいで次のポイントに移行する、という、コンテンツの変化も有効ですし、グループでのプレゼンだったら、10分を目安にして、チームのメンバーたちが交替して話すという方法もあります。

あるいは映像を見せたり、商品を見せたり、小道具が出てきたりというように、場に変化を持たせましょう。

また10分以下の場合でも、同じ場所に同じ姿勢でずっと立ったままということも「無変化」につながります。できるだけ聞き手との間の余計なものは削除し、自由に動けるようなスペース作りを心がけましょう。

そして**一番気をつけたいのは、声の無変化**です。

声に強弱をつけるのは基本的なデリバリー技術ですが、声のトーンで変化を持たせたり、声の抑揚をつけてみたり、コントラストをつけたりすることで、プレゼン全体の「無変化」を回避することができます。

「間の取り方で劇的に変化する」

緊張しているとやりがちなのが、スピードが速くなる、間を取らずにどんどん先に進んでしまう、という傾向です。

聞き手とのキャッチボールをするためには、効果的な「間」が必要です。

間を取る理由は主に3つあります。

最も重要な理由は、聞き手にしっかり受け取ってもらいたい重要なメッセージを言った時に、聞き手に重要なメッセージを腹落ちさせてあげるという役割です。今言ったことを消化してもらうために時間を取るわけです。せっかく重要なメッセージを伝えたのに、すぐに先に進んでしまっては、そのメッセージは聞き手の心に深く届く間もなく、忘れ去られてしまいます。

2つめは、これから変化が訪れる時です。

次のシーンで何かが起こる前ぶれとして、ちょっと間を取ると効果的です。特にストーリーを語っている際、シーンが変わる箇所があることでしょう。そんな時、意識をして間をあけてみてください。

ただし、間は休憩時間ではありません。間を取ることでさらに聞き手の注目を引くことが目的です。ですから、間を取っている間も、目線は聞き手にしっかりと向けて集中し、エネルギーを持続させるよう留意しましょう。

3つめは、相手からの反応をしっかりと受け止めるためです。スピーチの最中、予期せぬところで聞き手が反応することもあるでしょう。笑いが起こったり、拍手が続いたり、驚きでざわついたり。そんな時は、急いで次に進まず、聞き手の反応が静まる直前くらいまで間を取って、じっくり反応させてあげましょう。

せっかく聞き手が反応しているのに次に進んでしまっては、出鼻をくじかれたように感じて、聞き手とのキャッチボールの機会を失ってしまいます。

聞き手が笑ったり、拍手をしたり、あるいは驚いたりした時には、間を取ることで共感させてあげる役割があります。

間の取り方といえば、オバマ元大統領がその達人でした。彼のスピーチは間の取り方、変化のつけ方が抜群にうまかったのです。

たとえばオバマ大統領が決めゼリフをいって、そこにドッと観衆がわき、拍手をする。そこで彼は間を取って、観衆が拍手をしたり、声をあげたりする時間を与えるわけです。

逆に、観衆の反応が少なかった時でも、ここが重要ポイント！　というようにしっかりと間を取ると、逆に観衆から反応を引き出せるのです。

話し手であるオバマ元大統領も間を取ることで、とても自信に満ちて、その場をコントロールする余裕があるように映っていました。

このように「間」をコントロールするテクニックは、グッと話し手のレベルをアップさせます。

といっても、スピーカーにとっては、間を取ることは非常に勇気がいります。たった3秒くらいの沈黙でも、スピーカーにとっては非常に長く感じ、不安になったりあせったりするものです。

ある時セミナーで公開個人コーチングをした際に、クライアントに間を取るようにアドバイスしたのですが、一瞬間があいただけでまた先を急いでしまいました。再度指摘すると、ご本人は、「今ものすごく間を取りました！」とおっしゃいます。

しかし他のセミナー参加者に尋ねてみると、全員口をそろえて、「全然間がなかった！」と答えました。

間を取ることになれないと、話し手にとっては、永遠に続く心地悪い沈黙、のように感じられますが、聞き手にとっては、実はちょうどいい長さなのです。

思い切って、**心の中で3秒数えて**みてください。

聞き手にコンセプトを理解してもらいたいとき、何らかの反応を得たいとき、考えてもらいたいときなど、つぎに移行する前に、しっかりと「間」を取る工夫を取りいれましょう。

「言葉によって重さは違う」

原稿に書かれた文章を、意味の塊ごとに分けてみると、重みが違うことがわかります。重要な単語のことを、英語では「Operative word（オペレーティブ・ワード）」と言います。どれをオペレーティブ・ワードと判断して強調するか、で、伝わり方が変わってきます。強調する言葉によって、どう変わってくるか例文を挙げてみましょう。

例：「私はその秘密を知らないと彼女に言った」

パターン1：「私は」を強調

↓私は知らないが、他の人は知っていたかもしれない、という意味合いになる。

パターン2：「その秘密」を強調

↓その秘密は知らないが、他にも秘密があってそれを私は知っているかもしれない、という意味合いになる。

パターン3：「彼女に」を強調

↓ほかの誰でもない、彼女に言ったのだ、という意味合いになる。

したがって練習する際、原稿を見て、まず声に出して読みながら、どれが大事な単語なのかをマーキングしていきましょう。

いろいろと試行錯誤を繰り返しながら、いろんな読み方を工夫してみると、一番しっくりくる強調の仕方が見つかるはずです。

例を挙げると、セールスの時に、

「新製品の超濃厚ダブルクリーム・シュークリームは、5月5日に全国発売となります」

というのでも、「新製品」であることをアピールすることが大事なのか、あるいは「超濃厚」あるいは「ダブルクリーム」といった言葉が大事なのか、あるいは発売日が大事なのかで、強調を入れる箇所が変わってきます。

聞き手に一番伝わって欲しいのは、どの単語なのか、重要な単語に重みをつけると、変化が出てきます。

そしてこれは**声に出して読んでみることが、やはり一番効果的**なのです。

同じ文章でも、言葉の重みを変えることで、いろいろとやってみる必要があります。「読みあげる練習をするヒマなんてない」というのでは、せっかく書いた原稿を生かし切れず、もったいない結果になってしまいます。

精魂かたむけて作ったプレゼン原稿を、確実に相手の心と頭に届けるために、ぜひとも練習しましょう。

「動きには意味を持たせる」

日本人の場合、ボディーランゲージが控えめになりがちですが、ボディーランゲージを大きくすればいいというものでもありません。

スピーチやプレゼンをしている最中で、**なるべく避けたいのが、「Pacing（ペーシング）」という動作**です。

これは体をゆらゆら揺らしたり、右に行ったり左に行ったり、意味なく動き回ることです。また、髪の毛やネクタイ、洋服を触ったり、余計な手の動きをしたりすることもあるでしょう。

不必要な動きをしてしまうと、聞き手の意識はそちらに取られてしまい、せっかくのメッセージが薄れてしまいます。

たとえば癖のある手ぶりが多いといえば、トランプ大統領が思い浮かびますが、手の動きがなんとも独特ですよね。

トランプ大統領の場合は、もはやキャラクターとして確立されていますが、一般的にいえば、余計な身ぶり手ぶりは、話の内容から人の注意を外してしまうものなので、避けたいところです。

一方、動きを絞りながら「3つのポイントについて語ります」という時に3本の指をだしたり、「ひとつ目」「ふたつ目」といったように指で出してみせたりして、視覚的にも伝えるのは効果的です。「お・も・て・な・し」というのもありましたね。

また立ち位置も利用できます。「過去」「今」「未来」について話すならステージの位置を利用してみましょう。

下手（客席から見て左）を「**過去**」
中央を「**現在**」
上手（客席から見て右）を「**未来**」

そう設定して、「昔うちの会社はこうでした」といいながら下手から始めて、「現在、こうなっています」と中央に移動して説明。さらに、「未来にむかっていきましょう」と客席から見て、左から右にむかっていくと、未来を感じさせて効果的です。

また口にしている言葉と動きを同調させると、より効果的です。

たとえば「その時、そのまま前進しようと決断しました」と言っているのに、後ろに数歩下がったとしたら、言葉と動きがちぐはぐになってしまって、聞き手に混乱を招きます。

面接の時も、座っているかもしれませんが、それでも心して余計な動きはしないようにしたいものです。

緊張して髪を触ったり、鼻をこすったりする癖は、相手から見ると目立つもので、頻繁にすれば自信がない、注意散漫、など、マイナスの印象を与えてしまいます。

面接官に伝わって欲しいのは、あくまであなたが話す内容のほうです。

余計な動きはしないで、意味のある動きをするように心がけましょう。

「えー、あのー」をなくす3つのステップ

いろいろな挨拶やプレゼン、あるいは結婚式のスピーチの出だしで「えー」をつけるケースをよく聞きませんか。

「えー、本日の議題ですが」「えー、本日はお日柄もよく」

こうした「えー」は、口にした本人すら意識していないケースが多いものです。

「あー、えー、えっと」「えーと、その」などの「不必要な言葉」は耳障りですが、自分でも気づかぬうちに口にしていることが多いのです。

このような意味のない「えー」をつける癖を止めましょう。

この「えー、あのー」を減らすだけで、非常に話が聞きやすくなる、スピーチがうまくなるのです。

こうした必要ない言葉を、英語では**「Filler word（フィラーワード）」**といい、埋めたり、詰めたりするための「意味がない言葉」とされます。

こういう**「要らない意味のない言葉」は極力なくして**いきましょう。

人は次に何を話していいかわからない時に「えー」「あのー」といった言葉で、間をつなごうとします。沈黙となってしまうのを恐れて、意味のない言葉でつなごうとするわけです。

この「えー、あのー」症候群を克服するために、つぎの3つのステップを試してみましょう。

(1)発していることに気づく

まず自分が「要らない」言葉を発していることを自覚する必要があります。

私が所属しているスピーチの団体、トーストマスターズでは、ある人がスピーチをする間に、フィラーワードを数える係がいます。

そして終わった時に、「今のスピーチで、『えー』は4回、『そのー』は3回ありました」といったように報告します。

これは実際に体験すると、自分では無意識でやっていることなので、驚きます。私自身も最初は無自覚にやっていたので、自分がそんなに「えー」だの「あのー」だのといっていたことにショックを受けました。

つまり気づくためには、誰かに聞いてもらう、あるいは録画、録音して客観的に聞いて初めてわかることなのです。

「えー、あのー」症候群を克服するためには、まずこの「気づく」というステップが重要なのです。

(2)発する直前に気づく

今までは無意識にフィラーワードを発していたことに気づいたら、つぎは「発する直前」に自覚できるようにしましょう。「あ、出そうだな」「いってしまいそうだな」と自覚できるようになったら、しめたものです。次にフィラーワードをいわないコツに進みます。

(3)間を取る

フィラーワードが出そうになる瞬間に気づいたら、飲みこんでください。つまりそこで間を取る、ということです。間を取るのは恐いですが、思い切って間を取ってみましょう。そしたら「間」だらけになるんじゃないのか、と心配するかもしれませんね。

でも話し手が取っている間は、聞き手にとっては間が空いているなと感じるものではなく、それほど心配することはありません。

ただし、人は考える時につい上を見るものです。次の言葉を探そうとして上を見てしまったり、時には下を見たりする人もいます。でも、上にも下にも原稿は落ちていません！

伝えたいメッセージは自分の中にあります。練習した自分を信じて、しっかりと間を取って、自分の中から言葉を引き出していきましょう。

スピーチ最中にフィラーワードを言いそうになる直前に、気づくようになり、不必要な言葉が出そうになったら、少しの間を取ること。この練習をすると、大きな効果があります。

フィラーワードは完全にゼロにしなくてもよいですが、少なければ少ないほど、聞いている人の耳には聞き取りやすくなります。

劇的に変わるリハーサル方法

スピーチ／プレゼンの練習をする上で一番効果があるのは、ずばり録画をすることです。

「鏡を見て練習をしています」という人もいるかもしれませんが、鏡を見て練習するのはＮＧです。

なぜかといえば、誰も本番では自分の姿を見てスピーチをしないからです。本番では観客を見るわけで、本番では絶対に見ない鏡に映った自分の姿を見て練習するのはある特定の箇所の表情を確認する場合以外は、役に立ちません。

それより聞いている側からどう見えているかをチェックするためには、録画がもっとも正確です。

聞き手の立場に立って、自分がどう話しているか、録画が一番正確に教えてくれます。

録画ひとつで効果絶大です。
そして**録画したものを3通りの方法でレビュー**しましょう。

(1)そのまま見る
まずそのままの状態で自分を見てみましょう。それが、聞き手が見ているあなたの姿そのものです。

(2)音を消して見る
音声をなくすことで、動きだけをチェックすることができ、無意味な動きの癖がわかります。2倍速で見てみるのも動きの癖がさらによくわかります。

(3)音声だけ聞いてみる
映像をなくすことで、抑揚のつけ方や、フィラーワードなどの癖がわかります。声の調子が一辺倒だったり、重みが違ったりといったことが、音声だけにすることでよくわかるようになるのです。

「そんなのはイヤだ、自分が話している姿を録画して見るなんて、耐えがたい」と思う方も多いでしょうが、それがふつうですから、ご安心ください。

私が所属しているスピーチクラブで、スピーチを練習している方であっても、「録画しましょう」というと、とたんに怖《お》じ気《け》づいて、「いやいや、まだ私では早いので」「録画は勘弁してください」と後ずさりするものです。スピーチを学ぼうとする人でも自分の録画を見るのがイヤなのが、ふつうなのです。

全米プロスピーカーである私であっても、毎回練習のために録画して、それを見るのは耐えがたいし、苦痛なのです。

それでも録画をして、その録画を少しずつ見て、「この言い方が違うな」「ここの動きが悪いな」と感じたら、また違うやり方をやってみたり、話し方を変えてみたり、試行錯誤を繰り返します。

どんな人にとってもイヤなほど、心理的ハードルが高いのが録画です。

つまり練習を録画してビデオを見るという、その関門を超えられたら、上達への第一歩となるのです。

もし一回でも見たら、「これじゃあ、ダメだ、練習しなくては」と必ず感じるはずです。そして録画レビューに少し慣れてきたら、「ここをもう少し工夫してみよう」と、練習が必要な箇所がわかるようになります。

録画をしないで毎回プレゼンをして来ているから、「これでいい」と思っている人がほとんどであって、自分の姿を見てみたら必ず「ここは直さなくてはいけない」とわかって上達するはずです。

俳優やアナウンサーであれば、いやがおうでも自分の録画を見て、少しずつ上達していくわけですが、一般の人にはその機会はめったにないですよね。

だからこそ始めてみてください。必ず効果がありますから。

もし日本の政治家のみなさんが自分のスピーチを録画して練習するようになったら、あれほど「うー、えー」と繰り返したり、言語不明瞭だったり、あるいは一本調子にならず、スピーチ名人になっていることでしょう。

自己満足のためにスピーチするのではなく、相手に伝えたいからスピーチをする。そのためには必ず練習が必要であり、録画がもっとも効果的なのです。

ビジネスプレゼンやスピーチに限らず、就職面接が控えている方でも、ぜひとも録画してチェックすべきです。

面接官の目に映っているあなたの姿は、ビデオで確認してみるのが、一番正直であり、直さなくてはいけない箇所がわかるはずです。

ぜひ録画にチャレンジしてみましょう。あなたのプレゼンは劇的に飛躍するはずです。

＊　＊　＊

さて、最後の章では実践編として、デリバリー術について解説しました。

これでブレイクスルーメソッドのすべてをあなたはマスターしたはずです。明日からきっと聞き手を動かすスピーチやプレゼンができることでしょう。

プレゼンやスピーチに対して苦手意識がある方が多いかもしれませんね。

けれども人前に立って話すことは、一度に複数の人たちとつながれる貴重な機会なのです。

会ったこともない人たち、あるいは同じ社内であっても深く話したことがない人たちを相手にしながら、彼らとつながることができる特権が、スピーチやプレゼンです。

プレゼンしているから、スピーカーだからこそ、聞き手とつながることができるのです。そんな特権はなかなかないはずです。

私はいつもスピーチをするとき、自分の胸からたくさんの糸が出ていて、それが聞き手の方たちとつながっているような感覚を持ちます。それこそがスピーチの醍醐味です。

スピーチやプレゼンで相手の考えを変えたり、人生を変えたりできるかもしれない。あるいは会社の成長に貢献できるかもしれない。社会の意識を変えられるかもしれない。

そういう貢献ができる機会を与えられたと考えると、わくわくしませんか。

そして私が彼らのためにできることはなんだろうと、聞き手視点に立ってみると、思考の転換もできます。

この本で、聞き手や社会を変えるパワーを感じるようになってもらえたら、これほど嬉しいことはありません。

あなたの話には聞き手を、あるいは社会を変える力があるのです。

ぜひ**20字でワンビッグメッセージを届け、人々を動かしてみましょう。**

- [ ] 聞き手の反応を想定し（笑いが起こる、など）、反応を返す練習をしたか
- [ ] 録画を3通りの方法でレビューしたか
（そのまま見る、音を消してみる、音声だけ聞く）
- [ ] 目障りなクセなどないか
- [ ] 聞き取りづらい単語、いいづらい言い回し、回りくどい表現などないか
- [ ] 本番で着用する洋服や靴は動きやすいか、マイクを装着しやすいか
- [ ] 与えられた時間内に収まっているか
- [ ] 急な時間延長または短縮に備え、
とっさに内容を増やす・減らす練習をしたか
- [ ] スライドが主役になっていないか
- [ ] スライドや配布物ではなく、
話し手に注目してもらえる工夫ができているか
- [ ] プレゼンリモコンの操作はスムーズか
- [ ] 聞き手に背を向けている場面はないか
- [ ] スライドをそのまま読まず、聞き手と対話ができているか
- [ ] 投射スクリーンをさえぎっていないか
- [ ] スライド上の内容と話している内容が連動しているか
- [ ] ストーリーに注目してほしい際、スライドを効果的に暗転しているか

本番当日チェックリスト

- [ ] 見えるか？　聞こえるか？　会場の4つ角に座って確認
- [ ] スライドは全て問題なく投射できるか
- [ ] マイクの音量は適切か
- [ ] 立ち位置や動きを再度確認
- [ ] 満腹状態で登壇しないこと！
- [ ] 聴衆と交流したか
- [ ] このスピーチをする目的を再確認。聞き手にどうなってもらいたいのか？
- [ ] 軽く準備運動などしてエネルギーを高めたか
- [ ] 聞き手と繋がることを楽しもう

原稿構成段階チェックリスト

- □ スピーチの大きな目的はなんだろうか
- □ 聞き手を知る4つの質問をしたか
- □ KISS(簡単・簡潔・簡明)になっているか
- □ たった一つのメッセージ(ワンビッグメッセージ)が一貫して伝わっているか
- □ ワンビッグメッセージが20文字以内のインパクトあるフレーズにまとまっているか
- □ 未来予想図が明確に描けているか
- □ 聞き手視点でメインポイントを選び抜いたか
- □ 聞き手視点で次なるメインポイントへの移行が設計されているか
- □ ワンビッグメッセージとそれぞれのメインポイントがSo What?, Why So? で成り立っているか
- □ 各メインポイントごとに、具体例がストーリーとして組み込まれているか
- □ モールエスカレーター方式でコントラストがついているか
- □ 成功話ばかりにフォーカスしていないか
- □ 注目を惹くオープニングになっているか
- □ 印象に残るクロージングになっているか
- □ 低コンテクストで、あいまいな表現を排除しているか
- □ 原稿は書き言葉になっていないか

リハーサル段階チェックリスト

- □ オープンな姿勢を保てているか
- □ 目線をくまなく配り、スキャン＆ストップしているか
- □ 会話調の口調になっているか、廊下テストでチェック
- □ 声にメリハリがついていて、単調になっていないか
- □ 言葉と非言語表現(声の調子、顔の表情など)が一致しているか
- □ 間(ま)を十分にとっているか
- □ オペレーティブ・ワード(重要な単語)を効果的に強調できているか
- □ 意味のある動きに絞り込まれているか
- □ フィラーワード(不必要な言葉)を発していないか

エピローグ

この本の出版が実現したのは、ある方からもらった、何気ないひとことがきっかけでした。

このあとがきを書いている現在、私はトーストマスターズ・スピーチ大会ニューヨーク州決勝に進出して、準優勝することができました。

ニューヨークの地区優勝は4連覇ですが、州全体での準優勝は自分にとっても最高記録です。これで7000人いる会員のなかの2位、世界トップ100に入れたことは、大きな栄誉です。

ここまで来るには、たくさんの時間と労力を投資してきました。

ノンネイティブの日本人である私が、アメリカでプロフェッショナルスピーカーとして十分に渡り合えるスピーチ術を身につけるために、長年にわたりさまざまなトレーニングを受けてきたのです。

プレゼンやスピーチに関するあらゆる書籍、DVD、スピーチコーチの認定プログラムやブートキャンプ、各種セミナー、プロフェッショナルスピーカー養成マスターコース、個人コーチング、そしてアクティングスクールやボイストレーニングに至るまで、金額にするとザッと500万円相当でしょうか。

それだけ資金も時間も投資してきたスピーチですが、技術研鑽だけにとどまらない、大きな学びを与えてくれました。

スピーチを作りあげる過程というのは、自分にしか語れないストーリーを探り当てるため、深く内省していくプロセスそのものです。

スピーチを作り上げる、というのは表面上のことであって、実際には、自分自身を豊かにし、そうすることで聞いてくださる方々をも豊かにしていくことである、という大切なレッスンを学んだのです。

その過程で、実にたくさんの方々のサポートもいただいてきました。私に知識を与えてくださったコーチの方々、経験を与えてくださったクライアントの皆さま、コンテストに出場するたびに惜しみない応援をしてくれた家族や友人たち……。

私がスピーチを学んでいくことで、人とつながり、心がつながり、私自身の世界が広がり、大きな輪のようにつながっていきました。

こんな貴重な学びを、私が知る人々だけでなく、まだお会いしたことのない方々とも共有し、還元していきたい。私が何年も時間と資金を費やして学んできた知識を、もっと多くの人にもシェアしたい。

そう思い始めた時に、「いつか」この学びを本という形にまとめるのだろうな、とぼんやり考えていました。

そんな矢先、とあるSNS上での友人の投稿が目に留まりました。

「私がブックライターとして執筆編集のお手伝いをさせていただいた本が出版されることになりました！」

それを読んだとき、特に何も考えず、私はこう書き込みました。

「おめでとう！　私もいつか本書かないと！」

すると、1分もたたないうちに、ある方からこんなコメントが付きました。

「夏代さんは絶対書くべき！　いつかではなくて今！」

この方とは、黒部エリさん。同じくニューヨーク在住で、凄腕ライターとして前々から存じ上げていました。どう凄腕なのかというと、彼女の文章は、お堅いビジネスからソフトなファッション、ライフスタイルに至るまで、まるで言葉を着せ替えするように、自由自在に文調を操り、分かりやすく、そして一瞬で人を惹きつける文章を書きあげてしまうのです。

その技術にはスピーチ構築にも通ずるところが多々ありました。さらに言うならば、私と同年代くらいの方なら、一時「アッシー君」という言葉が大流行りしたのを覚えていらっしゃるかと思いますが、その「アッシー君」という言葉を生み出したのは、何を隠そう、この黒部エリさんだったのです。

そんな凄腕ライターからのコメントを読んでも、まだまだ本気とはとらえていなかった私は、

「エリさんがブックライターやってくださるなら！」

と冗談のつもりで書き込んだのです。

すると、またまた1分経たないうちにエリさんから返信が書き込まれました。

「いいですよ。やりましょうよ！」

この気軽なエリさんの一言から、「20字本」の強力タッグが誕生しました。

長年にわたり、私が様々なプログラムや実践から吸収し、開発してきたブレイクスルーメソッドの膨大なコンテンツをまとめ上げてくださった黒部エリさんなしにはこの本

は実現していませんでした。心から感謝を申し上げたいと思います。

そして本書を出版するに当たって、すばらしい編集をして下さった朝日新聞出版書籍編集部の佐藤聖一さん、三宮博信部長、私のセミナーに実際に参加して書籍化に多大なるお力添えをいただきました朝日新聞社の山口真矢子さんに、この場を借りて厚く御礼申し上げます。

また家族としていつも支えてくれる夫のロブと、娘のリナ。二人には大きな感謝のハグと、愛を捧げます。

なお、本書に登場する事例は、すべての名称を仮名とし、内容も特定されないように配慮しておりますことを補足させていただきます。

最後にもうひとつ。私の本気スイッチが入った言葉。それは、

「いつか、ではなくて、今」

この本を手に取ってくださった読者のあなたも「いつか、ではなくて、今」実行に移そうとひらめいたからでしょう。

スピーチやプレゼンは、誰かの人生を変える力があります。あなたの言葉で、心が、人が、世界がつながっていくのです。

そしてその力は、着飾ることではなく、コアに到達するまで削ぎ落とすことで初めて得られる力です。

私がこの本を通して皆さんに伝えたいワンビッグメッセージ。それは、

Changing the world, one speech at a time（英語8語）。

世界を変える。スピーチ1つ1つで。（日本語15字）

削ぎ落とす勇気をもって、あなたもあなたのスピーチで世界を変えることをはじめてみませんか？

いつか、ではなくて、今。

リップシャッツ信元夏代

リップシャッツ信元夏代　Natsuyo Nobumoto Lipschutz

ニューヨークを拠点とする事業戦略コンサルタント、プロフェッショナルスピーカー、グローバルプレゼンコーチ。
早稲田大学商学部を卒業後すぐにニューヨークに渡り、伊藤忠インターナショナルの鉄鋼、紙パルプを経てニューヨーク大学でMBAを取得。マッキンゼーでコンサルティングの経験を積み、起業。国際スピーチコンテストではニューヨークの強豪を勝ち抜いて地区大会5連覇、TED×Talkへの登壇などを経てプロフェッショナルスピーカーに。全米で異文化コミュニケーションの基調講演登壇をしている。2021年6月には全米プロスピーカー協会ニューヨーク支部初のアジア人理事に就任、2024年には、同団体がエリート・プロスピーカーのみに与える称号、Certified Speaking Professional（CSP®）を日本人初の取得。本書『20字に削ぎ落とせ ワンビッグメッセージで相手を動かす』は発売前からアマゾンのビジネス新書で1位にランクイン。韓国版、台湾版も刊行される。他の著書に『世界のエリートは「自分のことば」で人を動かす』（フォレスト出版）、『Uncover Your Message: The 3-Step Process for Presenting Your Ideas Effectively and Persuasively, Globally and Locally』（Routledge）などがある。

20字《じ》に削《そ》ぎ落《お》とせ
ワンビッグメッセージで相手《あいて》を動《うご》かす

2019年 7 月30日　第1刷発行
2024年11月30日　第4刷発行

著　者　リップシャッツ信元夏代
発行者　宇都宮健太朗
発行所　朝日新聞出版
〒104-8011
東京都中央区築地5-3-2
電話　03-5541-8814（編集）　03-5540-7793（販売）
印刷所　大日本印刷株式会社

ISBN978-4-02-331798-7